斗数玄空系列·紫微斗数

安星法及推断实例

王亭之 ◎ 著

目录

序 ·· 001

一、安星法 ································ 001
前言 ······································ 001
定出生年月日时 ···························· 003
命盘基本知识 ······························ 007
安星口诀及掌诀 ···························· 016
安星便检表 ································ 064

二、推断法 ································ 078
前言 ······································ 078
基本术语 ·································· 079
推断要领 ·································· 081

三、推断实例 二十四则 ···················· 093
父母宫两例 ································ 093
　溥仪　某女士
命宫两例 ·································· 097
　诸葛亮　某女士
兄弟宫两例 ································ 103
　曾国藩　陈公博

夫妻宫两例 ······ 107
　杨森　某女士
子女宫两例 ······ 111
　蒋介石　某男士
财帛宫两例 ······ 115
　宋子文　某男士
疾厄宫两例 ······ 119
　李纯　某女童
迁移宫两例 ······ 123
　秦桧　某女士
奴仆宫两例 ······ 127
　慈禧　某男士
官禄宫两例 ······ 133
　于右任　某男士
田宅宫两例 ······ 137
　黄金荣　某男士
福德宫两例 ······ 141
　汪精卫　某男士

序

"紫微斗数"有很多流派。在从前,还只是"中州学派"、"闽派"与"北派"三系鼎足并峙,其中以"中州学派"最为式微。到现代,由于台湾研究斗数者众多,于是便门派纷起,自称为一代宗师者已屈指难数。现代新起的流派彼此互相攻讦,其各自标榜的理论亦多牵强附会,类多执古人的片言只语来加以发挥,"征验"的功夫尤恐未足,所以不必加以深论。若就从前鼎足而立的三派而言,则可谓各有特色,彼此之间互有开阖,甚至连"安星法"都各有不同。如果一定要说谁对谁错,必然引起很大的纷争。所以笔者只想平直地说一句——本书为学习"中州学派紫微斗数"的基础,倘若读者已经博览斗数群书,则自当领会本书的特色,便不必再理会各派异同的是非了。

学习斗数,需先学习"安星"。

古人"安星",不像今人依靠查表。这样做,看起来似乎笨拙,但事实上却如广府人所说,"除笨有精"(看似笨拙,实在精明)。因为如果能熟悉"安星口诀",尤其是熟悉"中州学派"的"安星掌诀",至少有两个方便之处:

第一,于推断大运、流年、流日以至流时之际,要分别将运、年、月、日、时的"流曜",于脑海中加在星盘之上来飞动,视其彼此会合的情形,推断可能出现怎样的特殊情况。这时候,如果还要靠查表来安布流曜的话,一定会分神,一分神就影响推理。

假如熟悉"安星掌诀",则不但"数指头"就可以安布各系流曜,而且于要找某颗"杂曜"之时,亦不必分神逐宫去找,只需依诀一数官位就可找得。这样做,读者如果愈多推算经验,当愈会认为比查表远为方便。

第二,熟悉了"安星口诀"及"安星掌诀"之后,可以随时随地起盘,不必因未随身携有星曜表格便无计可施。

由于目前星曜表格流行,查表安星已成为习惯,希望读者不妨记忆一下安星的口诀,尤其是"掌诀",稍加留意便当能记忆,运用之际,一定不会认为学习"安星法"是浪费时间的事。

要推断命运的趋向,"紫微斗数"可以提供各星系组合的基本性质,供推算者运用。关于各星系的基本性质,笔者已另撰专书分别叙述。

即使能了解各星系的基本性质,要能作出详确的精密推算,仍必须学习"中州学派"的一些推断法则以及技巧。

关于这些法则与技巧,从来没有书籍透露。甚至就笔者所知,一些以"紫微斗数"为业的术者,亦根本不知道有这些法则。所以笔者可以说,将这些法则公开,应该可以提高研究"紫微斗数"的水准。笔者并不在乎"秘法"的所有权问题,将来即使有人说,他们原来已经熟知这些法则,只不过一向不说出来而已,这些法则绝非王亭之独得之秘,王亭之亦不在乎。只要这些法则确能令读者得益,使斗数能从神秘的秘雾中,呈现出简朴的本来面目,那已经足以使笔者满足了。

在这些推断的法则与技巧中,最重要的是(一)借星安宫;(二)星曜互涉;(三)见星寻对等三项,希望读者加以留意。倘能熟习,在推算时一定能够提高准确度。甚至可以说,如果不晓得运用这些法则,其推断便根本没有可能准确。

本书除了介绍"安星法"及"推断法"之外,为了提高读者的兴趣,同时为了使他们能将所学得的知识加以实际认知,故另列"推断实例"二十四则。

这些实例的命造来源有二:一为采自经笔者推算的命造;一为已故的名人命造。前者的命造正确性不成问题,后者则曾加考证,稽钩文献,包括乡志与年谱,以助认证命造的正确。

一、安星法

前　　言

　　学习紫微斗数，其实应该对起例（安星法）有深刻的认识，然后在飞动星盘推算时，才能觉得轻而易举，不必将精神分散在查星方面。例如"天梁、擎羊、天刑"是一个重要星系，往往可以预示生病动手术，或者涉及官司诉讼，倘如不熟"安星法"的话，在推算流年或流月时，见到天梁之后，满盘去找天刑或擎羊，流运擎羊、流年擎羊，以至流月擎羊，那就往往会使精神分散，因而影响推断的精微与准确。

　　由于熟习"安星"是研究紫微斗数的基础，同时也是认识各星系组合必须具备的知识，所以前人的斗数著作，都特别注意"安星法"的传授。

　　北派斗数名家张开卷先生在撰写《紫微斗数命理研究》一书时，用了差不多一半的篇幅来谈"安星"；名家陆斌兆先生撰《紫微斗数讲义》，上册亦全部讨论"安星法"，下册才论及十二宫的性质，由此可见"安星"传授的重要。

　　但目前由于流行用查表的方法起星盘，学者便往往贪图简便，因而忽视了学习"安星法"的重要，以致在实际推断时茫然不知所措，无法将星系加以灵活组合。

据笔者所知,张开卷先生是第一位将各星曜分年干、年支、月、日、时各系加以表列的人,其目的当然是为了便利后学。然而由此引起的副作用,却非张先生当时意料所及。

照"中州学派"的观点,靠查表来安星,除了上述无法熟悉星系组合的缺点外,还有一个弊病,那就是容易因"甲级星"、"乙级星"……以至"戊级星"的分类,影响推断的准确性。因为有时整个星系,往往会因为会合了一颗所谓"戊级星"而改变了星系的性质,而学者则容易因星曜级数太低引起错觉,对这"戊级星"不够重视。

陆斌兆先生传授"安星",不分级数,即属于"中州学派"的传统,与张开卷先生截然不同。希望学者能打破将星曜分级的观念,潜心学习"安星法",勿因坊间表格流行而认为安星的诀例多余。这是一个很重要的概念。

笔者所据的"安星法",跟坊间各本固有差异,即与陆先生介绍的"安星法"亦微有不同,希学者加以注意。尤其是在"年干四化"方面,戊、庚、壬三干的"四化"都与各派不同;此外"解神"分为"年解"与"月解"等,均属本派的传授,学者可加以比较。

如前所述,本派不分甲级乙级星,起星时亦不按年系、月系等次序,看似紊乱,但优点在于按照次序起星时,可以一面安星一面依次序观察,星盘起妥,已有大致的印象。例如安"紫微系"及"天府系"十四颗正曜后,立即安"辅弼、昌曲、空劫"六曜,然后立即安"四化曜",整个星盘的架构便已成形。以后一路安星,便只是基本性质的加强或削弱,如安魁、钺之后,立刻起禄存及四煞(即火星、铃星、擎羊及陀罗),然后起天官、天福,便可以对其人的"官"及"禄"有大致印象。所以,熟习本派安星的次序,对认识星盘应有相当帮助。

为了方便初学的读者,本篇于安星诀之后,仍附检查表以便应用,但仍希望学者能熟读安星诀例。熟习之后,固可以随时地起盘推算,同时在飞星推算流年、流月时,不易出现错误。可以说,检表起星只是为方便初学,但要进步到意与盘会、灵机发动的境界,则非熟安星诀不可。

定出生年月日时

推算紫微斗数,首先要知道正确的出生年、月、日、时,然后才可以排出正确的命盘。由于历史原因,紫微斗数是以古代中州洛阳地区时间作为基准。洛阳正确时间是以相对地球公转的绝对经线而言,不是各国自定之标准时间,因此洛阳时间与上海时间,在现行标准时间中没有分别,但在推算紫微斗数时,便有三十五分钟的时差。一般来说,因为我国历法一天分十二个时辰,一个时辰相等于现行历法的两个小时,除了少数特别例子外,大部分华东、华中时区出生的人都可用标准时辰来算。但在很多情形下,读者推算不准命盘,却是因为出生时间在时头或时尾,加上与洛阳有时差,因而也就导致时辰错误。"中州学派"有一套方法用来分辨命盘中人的体形及相貌,以确定命盘的正确与否,即是为了藉此避免错误。

根据现代历法,如果出生地点在中国以外,或只知道西历生辰等,可以用下述方法来加以换算。

首先,如果读者已知道自己的阴历出生资料,则可将其直接分列如下:

例如某女士出生于一九三八戊寅年农历十一月初六日上午八时,出生地为香港,因没有夏令时间引起的时差,所以可将资料填写如下:

注：★ 阴历岁数以西历岁数加一便可。
　　★ 干支历可定男女属阳属阴，详见下述。

如果只知道八字干支，西历生年、月、日、时，或出生地点离洛阳太远，或只知道岁数及其所属生肖等，可用下述之换算方法计算。

1. 出生年换算

推算斗数，必须先知道生年干支，这可以在万年历中找到；知道出生年干支后，以**甲、丙、戊、庚、壬**出生人属阳，男命为阳男，女命为阳女。**乙、丁、己、辛、癸年**出生属阴，男命为阴男，女命为阴女。

2. 出生月、日换算法

如果出生的资料是西历或干支的月和日，可翻查一般坊间"万年历"。坊间"万年历"有一些是不正确的，所以最好对照两本以上来定出生年月和日。

例：某甲出生为西历一九三八年十二月二十七日
　　万年历得知为戊寅年十一月初六日

3. 出生时换算法

紫微斗数起例,最重要的是决定出生的时间,本派定出生时是以洛阳地区作为绝对标准。

香港有一段时间使用夏令时间,比标准时早一小时,其施行时期分列于下表:

年份	开始	终结	年份	开始	终结	年份	开始	终结
1941	1/4	30/9	1956	18/3	4/11	1968	21/4	20/10
1942 至 1945	全	年	1957	24/3	3/11	1969	20/4	19/10
1946	20/4	1/12	1958	23/3	2/11	1970	19/4	18/10
1947	13/4	30/12	1959	22/3	1/11	1971	18/4	17/10
1948	2/5	31/10	1960	20/3	6/11	1972	16/4	22/10
1949	3/4	30/10	1961	19/3	5/11	1973	22/4	21/10
1950	2/4	29/10	1962	18/3	4/11	1973	30/12	20/10/74
1951	1/4	28/10	1963	24/3	3/11	1975	20/4	19/10
1952	6/4	25/10	1964	22/3	1/11	1976	18/4	17/10
1953	5/4	1/11	1965	18/4	17/10	1977	全年标准时间	
1954	21/3	31/10	1966	17/4	16/10	1978		
1955	20/3	6/11	1967	16/4	22/10	1979	13/5	21/10

例如:一九五八年西历五月十日晚上八时(左右生人),本来晚上八时应为戌时,因有夏令时间,应改为晚上七时生人,作酉时算。

其他地方出生,可以从出生的**经线**相差而定出其时差,折算方法是以每十五度相差一小时。

知道洛阳标准时间后,便可依下列表换算十二时辰:

时辰换算表

时辰	早子	丑	寅	卯	辰	巳	午
标准洛阳时间	凌晨12:00至上午1:00	上午1:00至上午3:00	上午3:00至上午5:00	上午5:00至上午7:00	上午7:00至上午9:00	上午9:00至上午11:00	上午11:00至下午1:00

时辰	未	申	酉	戌	亥	夜子
标准洛阳时间	下午1:00至下午3:00	下午3:00至下午5:00	下午5:00至下午7:00	下午7:00至下午9:00	下午9:00至下午11:00	下午11:00至凌晨12:00

注：关于"子时"的分割，尚有争论。有以由夜十一时至午夜一时，统归属为当日之子时者。即一交入十一时便作为新一日的开始。但据笔者经验，仍以表列的分割为准。即交入十二时（零时），始是一天新的开始。至凌晨十二时（二十四小时），则为一天的结束。

4. 过节气之分别及闰月推算

（1）过节气

我国计算年月日的历法，是阴历（以月亮为标准）和阳历（以太阳为标准）的混合农历。太阳和月亮在天上运转，有一个固定的差数，每年是十日二十一小时十二秒，因为有了这个差数，所以就要增加闰月来弥补，每三年一闰，及每十九年七个闰月来计算，中国夏历分十二个月，每个月分别有一个节和一个气。闰月即是没有中气的一个月。"子平"推算八字，是要以生日是否过了节来决定是前一个月或后一个月，所以不产生闰月的问题，例如某人出生于丁年农历正月的某日，但因那天未过"立春"，所以便以丙年农历十二月（丑月）来算，但是紫微斗数却是以阴历作为基础，而且星曜排列已包括这个因素在内，所以以夏历来直接推算便可。如农历正月出生，便作为正月推算，不管是否已经交节。因此每逢闰月，就产生作为那一个月份推算的问题。

（2）闰月推算法

闰月的推算，是以前半个月属前一个月份、后半月属后一个月份，例如闰三月，闰三月一日至十五日亥时照三月来推算，闰三月十六日子时至闰三月底，作四月来推算，出生日及时则保持不变。（亦有将闰月作下一个月份来推算者,即闰三月作四月推,此法亦可存疑。)

命盘基本知识

本篇专为一些中国术数基础不足之初学者而设,内容涉及的干支五行,会局合局,非加以熟习不可,否则既无法熟习"安星",甚至将来在研究推算时亦有麻烦。

1. 十天干、十二地支及其阴阳

天干地支及术数之基本符号,如英文的基本字母。天干及地支两大系统互不相同,但亦有一定的相关,每个系统又有阴阳之别。

天干有十,而地支则数十二。通常干支并提,也就是说,一个天干通常有一个关联的地支。干数十而支数十二,因此一个循环的干支数便为六十了(L.C.M. 10,12=60),中国术数中的六十甲子也就是由此产生。

2. 十天干

十天干分别如下:

	甲、乙	丙、丁	戊、己	庚、辛	壬、癸
五行属	木	火	土	金	水

甲、丙、戊、庚、壬属阳。属该天干年出生之人属阳命。故此男命为阳男、女命为阳女,如甲子年、庚辰年等。

乙、丁、己、辛、癸属阴。该年出生之人属阴命。男命为阴男,女命为阴女,如丁巳年、乙未年等。

3. 十二地支

地支共十二个,分属金、木、水、火、土五行,只有土占四,即辰、戌、丑、未,称为四墓库,而其中辰称为天罗、戌称地网,地支又以十二生肖代表,兹分列如下。

地　　支	子 丑 寅 卯 辰 巳	午 未 申 酉 戌 亥
生 肖 属	鼠 牛 虎 兔 龙 蛇	马 羊 猴 鸡 犬 猪
五 行 属	水 土 木 木 土 火	火 土 金 金 土 水
阴　　阳	阳 阴 阳 阴 阳 阴	阳 阴 阳 阴 阳 阴

4. 地支六合

十二地支分成六组,每组有两个不同五行的地支,合而为一时,则化气属另一五行,只有"午"与"未"二个地支化合之后无五行之属,以"午"为太阳"未"为太阴。这样的组合,即称为"地支六合"(见图一)。

地支	子丑	寅亥	卯戌	辰酉	巳申	午	未
化合	土	木	火	金	水	太阳	太阴

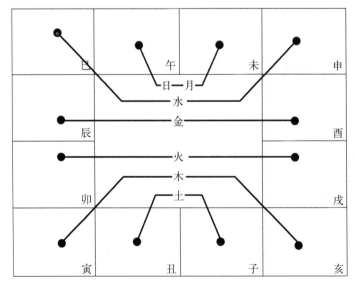

图一　六　合

5. 地支六冲

十二地支有六合,也有六冲,紫微斗数中的六冲和"子平"不同。子平术中,凡对宫必相冲,如子午、丑未之类,六冲有破坏的意义。

斗数推查命盘的吉凶,要查看三方四正,所谓三方就是地支三会局(后详),四正便是三会局加上对宫。当星曜于"三方四正"会合之时,都称之为"冲",不限于本宫和对宫的相冲而已。斗数中无论吉星或凶星,于推算流运时,不冲不动,即吉星不成其吉,凶星亦不成其凶(见图二)。

| 六冲 | 子午 | 丑未 | 寅申 | 卯酉 | 辰戌 | 巳亥 |

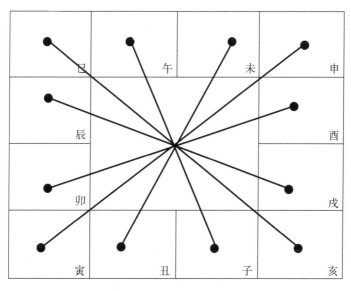

图二 六 冲

6. 地支三会局

十二地支相隔三宫位置会合,可组成一局,全盘共有四局,每局亦即是紫微斗数中所谓三方四正的"三方"。"三方"组成一局,亦即是"生旺墓"的组合(见图三),如水局申为长生、子为帝旺、辰为墓库之类。

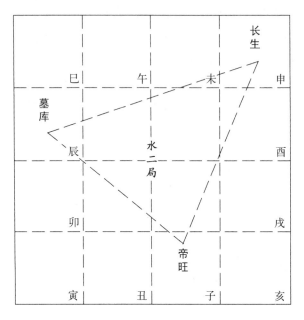

图三 生旺墓

申子辰　合　水局　　寅午戌　合　火局
亥卯未　合　木局　　巳酉丑　合　金局

7. 六十甲子

十天干以甲为首,十二地支以子为首,一天干配一地支,而排成六十个干支数,周而复始,即成为六十甲子。

甲子　乙丑　丙寅　丁卯　戊辰　己巳　庚午　辛未　壬申　癸酉
甲戌　乙亥　丙子　丁丑　戊寅　己卯　庚辰　辛巳　壬午　癸未
甲申　乙酉　丙戌　丁亥　戊子　己丑　庚寅　辛卯　壬辰　癸巳
甲午　乙未　丙申　丁酉　戊戌　己亥　庚子　辛丑　壬寅　癸卯
甲辰　乙巳　丙午　丁未　戊申　己酉　庚戌　辛亥　壬子　癸丑
甲寅　乙卯　丙辰　丁巳　戊午　己未　庚申　辛酉　壬戌　癸亥

因甲为天干之首、子为地支之首,故简称六十甲子,或六十花甲子。又干支组成六十花甲,每组合又另成五行,其五行之性,称为纳音:

六十花甲纳音

甲子乙丑海中金,丙寅丁卯炉中火,戊辰己巳大林木,庚午辛未路旁土,壬申癸酉剑锋金。

甲戌乙亥山头火,丙子丁丑涧下水,戊寅己卯城头土,庚辰辛巳白蜡金,壬午癸未杨柳木。

甲申乙酉泉中水,丙戌丁亥屋上土,戊子己丑霹雳火,庚寅辛卯松柏木,壬辰癸巳长流水。

甲午乙未沙中金,丙申丁酉山下火,戊戌己亥平地木,庚子辛丑壁上土,壬寅癸卯金泊金。

甲辰乙巳覆灯火,丙午丁未天河水,戊申己酉大泽土,庚戌辛亥钗钏金,壬子癸丑桑柘木。

甲寅乙卯大溪水,丙辰丁巳沙中土,戊午己未天上火,庚申辛酉石榴木,壬戌癸亥大海水。

算六十纳音,亦可用一简诀来决定:

甲乙锦江烟(金水火)　丙丁没谷田(水火土)

戊己营堤柳(火土木)　庚辛挂杖钱(土木金)

壬癸林钟满(木金水)　花甲纳音全　子寅辰　午申戌
　　　　　　　　　　　　　　　　丑卯巳　未酉亥

例如算丙辰纳音,依**丙丁没谷田**诀:"没谷田"的偏旁即水火土。以子丑配水、寅卯配火、辰巳配土。故丙辰纳音土。

又如推壬申纳音,依**壬癸林钟满**:"林钟满"的偏旁即木金水,以午未配木、申酉配金、戌亥配水。故壬申纳音金。

8. 五行长生

金、木、水、火、土,五行五种元素在十二宫中都有一定生长,壮旺而至衰死的过程,有如春天的草木萌芽,夏天开花,秋天结果,冬天衰死而果实埋

藏,到春天后又再发芽,五行的变化,术数中便以下列十二个阶段来形容:

	意 义
长生	初生之时
沐浴	生后沐浴穿衣
冠带	长成整冠束带
临官	学校毕业后出仕之时
帝旺	中年事业鼎盛
衰	中年体弱转衰
病	衰而至病
死	无生气之象
墓	死后入墓库为潜伏之期
绝	息灭之象
胎	胚胎始生
养	怀胎再生之时

五行十二宫,各有不同的生旺衰绝期,现将之分列如下:

	长生	沐浴	冠带	临官	帝旺	衰	病	死	墓	绝	胎	养
火	寅	卯	辰	巳	午	未	申	酉	戌	亥	子	丑
土水	申	酉	戌	亥	子	丑	寅	卯	辰	巳	午	未
金	巳	午	未	申	酉	戌	亥	子	丑	寅	卯	辰
木	亥	子	丑	寅	卯	辰	巳	午	未	申	酉	戌

以上排列是以阳男阴女之顺行为准,阴男阳女之排法逆行,详见后附便检表。

五行十二宫中,又以长生、帝旺(或沐浴)及墓库三者为变化的枢纽,因此三者便可组成一局:

地　　支	寅申巳亥	子午卯酉	辰戌丑未
	四长生	四沐浴(四帝旺)	四墓库

9. 基本命盘

算紫微斗数,先预备一个空白的命盘,其结构如图四:

命盘中子丑寅卯……十二宫的位置永恒不变。

命盘由顺时针方向轮转称为"顺",如子、丑、寅……亥。

命盘反时针方向轮转称为"逆",如子、亥、戌、酉……丑。

巳	午	未	申
辰	现行大限 (推算年)年 岁	西历年 (干支)年 月 日 时 命主 身主 五行局 姓名 阴阳男女	酉
卯			戌
寅	丑	子	亥

图四 基本命盘

10. 三方四正

推算命盘时,除看本宫外,并需参看其"三方四正",三方是指本宫之三合宫,也就是本宫左右隔三宫的宫位,四正则是加上对宫而言。对宫也就是本宫之六冲宫位。例如以子宫位为本宫,三方便是申、辰两宫,四正便是午宫,看星之时,以子宫为主,参看辰、午、申三宫之星曜影响,决定吉凶(见图五)。

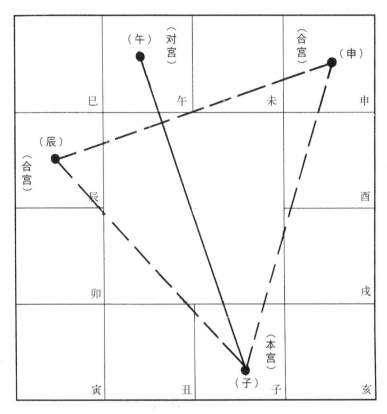

图五　三方四正

11. 命盘排盘的格式

于天盘中排出星曜,有一定的格式。为方便"飞星"起见,最好是将"正曜"写在每格的上方中央位置;辅、佐、煞诸曜写在正曜的右方,并低一格,杂曜流曜写在正曜下方,由左至右顺列(详细格式见附图)。这样排列,对观察命盘最为方便。

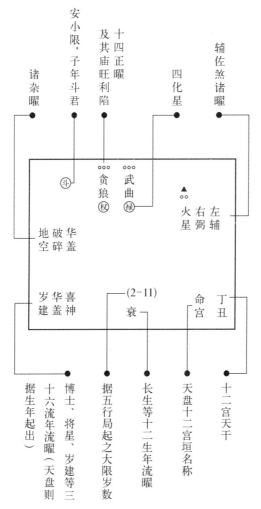

注一　**十四正曜**：紫微、天机、太阳、武曲、天同、廉贞、天府、太阴、贪狼、巨门、天相、天梁、七杀、破军等。
　　　四煞曜：火星、铃星、擎羊、陀罗，这四星之上加上"▲"黑三角符号作分别。
　　　辅、佐曜：左辅、右弼；天魁、天钺；文昌、文曲；禄存、天马。
　　　杂、煞、空曜：地劫、地空、龙池、凤阁、天哭、天虚、红鸾、天喜、孤辰、寡宿、天德、月德、华盖、天才、天寿、破碎、咸池、大耗、蜚廉、天空、旬空、截空、天厨、天月、天刑、天姚、天巫、解神、阴煞、台辅、封诰、三台、八座、恩光、天贵等。

注二　所有流年星曜，如流昌、流曲、流羊、流陀及流四化都不写入命盘上，推算时于心中记存。

015

安星口诀及掌诀

坊间安星简表,仅为帮助初学起盘之用。若求精进,仍应熟习安星法。本章特别着重"口诀"及"掌诀"的介绍,尤其是"掌诀",实用价值更大。所有口诀均经作者本人修订,"掌诀"部分向来更被视为不传之秘,希读者留意。——所谓"掌诀",即在手掌中固定排出十二宫位用以代替星盘,读者对此必须熟习。

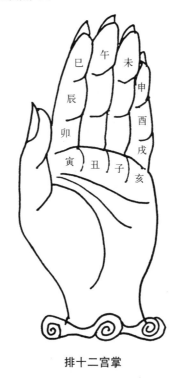

排十二宫掌

1. 安命身宫诀　以出生月时算

斗柄建寅起正月

数至生月顺流行

子时起数生时止

逆回安命顺安身

由寅宫起正月,顺数至本生月止。再从该宫起子时,逆数至本生时止,所至宫位即为命宫;由本生月所至宫位起顺数,至本身时止,即为身宫(见图一)。

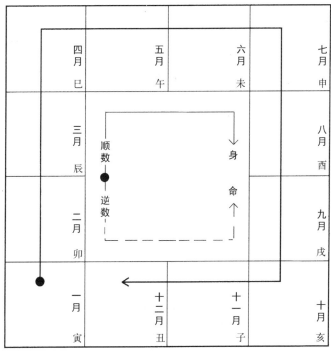

图一 安命身宫

例如三月巳时。先由寅宫起顺数正月——

一月寅、二月卯、三月辰(得辰宫为子时起点)。

逆数:子时辰、丑时卯、寅时寅、卯时丑、辰时子、巳时亥。故命宫在亥宫。

顺数:子时辰、丑时巳、寅时午、卯时未、辰时申、巳时酉。故身宫在酉宫。

2. 定十二宫

由命宫逆排：兄弟、夫妻、子女、财帛、疾厄、迁移、交友(奴仆)、事业(官禄)、田宅、福德、父母(见图二)。

交友 巳	迁移 午	疾厄 未	财帛 申
事业 辰			子女 酉
田宅 卯			夫妻 戌
福德 寅	父母 丑	命宫 子	兄弟 亥

图二　安十二宫

3. 安十二宫天干

由于生年不同,十二宫都有相对之天干,其法为用五虎遁诀来订定。

甲己之年丙遁寅　乙庚之岁戊先行

丙辛还从庚上遁　丁壬原自起于壬

戊癸之年寅遁甲　遁干化气必逢生（注）

例如甲年在寅宫起丙,为丙寅,顺排丁卯、戊辰、己巳、庚午、辛未、壬申、癸酉、甲戌、乙亥、丙子、丁丑(见图三)。

(注)甲己化土,寅支遁丙,丙属火,火生土；

乙庚化金,寅支遁戊,戊属土,土生金；

丙辛化水,寅支遁庚,庚属金,金生水；

丁壬化木,寅支遁壬,壬属水,水生木；

戊癸化火,寅支遁甲,甲属木,木生火；

由上可知"遁干化气必逢生"之义。即寅支所遁之干,必生其年之化气。

己巳	庚午	辛未	壬申
戊辰		出生年干	癸酉
丁卯		甲年	甲戌
丙寅	丁丑	丙子	乙亥

图三　安十二宫天干

4. 定五行局

定了十二宫天干后,十二宫便都有了天干和地支。以命宫位的干支,用六十纳音来定五行局。分别为水二局、木三局、金四局、土五局及火六局。

六十纳音诀

甲乙锦江烟　丙丁没谷田　戊己营堤柳　（子寅辰　午申戌）
庚辛挂杖钱　壬癸林钟满　花甲纳音全　（丑卯巳　未酉亥）

例一　命宫干支为"辛卯"，依"庚辛挂杖钱"，挂杖钱三字偏旁即土、木、金。

庚辛　庚辛　庚辛
子丑　寅卯　辰巳
土　　木　　金
午未　申酉　戌亥

故命宫在"辛卯"为**木三局**。

例二　命宫干支为"丙申"，依"丙丁没谷田"，没谷田三字偏旁即水、火、土。

丙丁　丙丁　丙丁
子丑　寅卯　辰巳
水　　火　　土
午未　申酉　戌亥

故命宫在"丙申"为**火六局**。

定五行局表

命宫天干 \ 命宫地支	子 丑	寅 卯	辰 巳	午 未	申 酉	戌 亥
甲 乙	金四局	水二局	火六局	金四局	水二局	火六局
丙 丁	水二局	火六局	土五局	水二局	火六局	土五局
戊 己	火六局	土五局	木三局	火六局	土五局	木三局
庚 辛	土五局	木三局	金四局	土五局	木三局	金四局
壬 癸	木三局	金四局	水二局	木三局	金四局	水二局

5. 起大限

大限由命宫起,阳男阴女顺行;阴男阳女逆行,每十年过一宫限。

起大限之岁,悉依局数。如水二局人,由二岁起限;火六局人,由六岁起限。

例:命宫在丑、金四局、阳男,大限排列如图四。

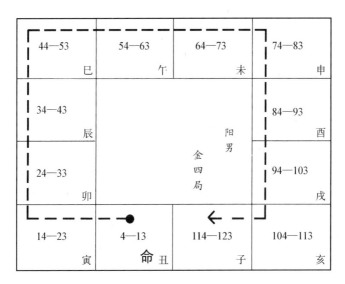

图四 安大限

6. 起紫微星诀

起紫微星之法,除查表外,可用下法。

(1) 起紫微诀

六五四三二　酉午亥辰丑
局数除日数　商数宫前走
若见数无余　便要起虎口
日数小于局　径直宫中守

酉宫起火六局;午宫起土五局;亥宫起金四局;辰宫起木三局;丑宫起水二局。(详见附列安紫微掌诀之"全图"及"分图")

(2)起紫微掌诀 以出生日、五行局定

起紫微法,系以出生日数除以五行局数(即水二局除以2,木三局除以3,金四局除以4,土五局除以5,火六局除以6),得余数及商数。先按上诀所述五行局位置找余数,由此宫位之前一宫起,顺推至商数即得。

如生日数小于局数时,直接在余数宫(生日数)定紫微星位。

倘生日除局数无余数时,一律从寅宫起算顺推至商数止。

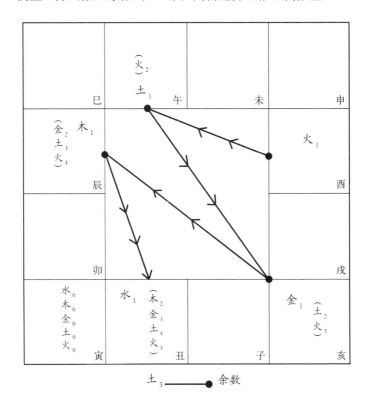

图五　安紫微掌诀(全图)

巳	午	未	申
辰		水二局	酉
卯			戌
水$_0$ 寅	水$_1$ 丑	子	亥

巳	午	未	申
木$_1$ 辰		木三局	酉
卯			戌
木$_0$ 寅	木$_2$ 丑	子	亥

图五甲　安紫微掌诀(分图)

巳	午	未	申
金$_2$ 辰		金四局	酉
卯			戌
金$_0$ 寅	金$_3$ 丑	子	金$_1$ 亥

巳	土$_1$ 午	未	申
土$_3$ 辰		土五局	酉
卯			戌
土$_0$ 寅	土$_4$ 丑	子	土$_2$ 亥

图五乙　安紫微掌诀(分图)

巳	火$_2$ 午	未	申
火$_4$ 辰		火六局	火$_1$ 酉
卯			戌
火$_0$ 寅	火$_5$ 丑	子	火$_3$ 亥

图五丙　安紫微掌诀(分图)

例一：二十二日出生　木三局（局数除日数，商数宫前走）

$$\begin{array}{r} 7 \\ 3\overline{\smash{)}22} \\ \underline{21} \\ 1 \end{array}$$

木三局余1在辰宫，商数为7，故于前一宫起(即巳宫)行七步，巳、午、未、申、酉、戌、亥，即紫微定于亥宫。

例二：二十日出生　土五局（若见数无余，便要起虎口）

$$\begin{array}{r} 4 \\ 5\overline{\smash{)}20} \\ \underline{20} \\ 0 \end{array}$$

因无余数，由寅宫起行，商数为4，故行四步，寅、卯、辰、巳。故紫微在巳。

例三：初三出生　火六局（日数小于局，径直宫中守）

$$\begin{array}{r}0\\6{\overline{\smash{\big)}\,3}}\\0\\\hline 3\end{array}$$

以火局余 3 数算，故紫微在亥。此即火局三数之位。

安紫微星表

如初学者对起紫微掌诀不熟，可参看安星简表一章内的紫微星表。

7. 安天府诀

局定生日逆布紫　斜对天府顺流行
唯有寅申同一位　其余丑卯互安星（见图六）

紫微和天府是由寅宫开始，分向相对，到申宫再聚同一宫，例如紫微在子，天府在辰。紫微在辰，则天府在子。

8. 十四正曜诀

紫微逆去宿天机　隔一太阳武曲移
天同隔二廉贞位　空三复见紫微池
天府顺行有太阴　贪狼而后巨门临
随来天相天梁继　七杀空三是破军（见图七）

9. 安辅弼昌曲空劫诀

辰上顺正寻左辅　戌上逆正右弼当　月
辰上顺时文曲位　戌上逆时觅文昌　时
亥上子时顺安劫　逆回便是地空亡　时（见图八）

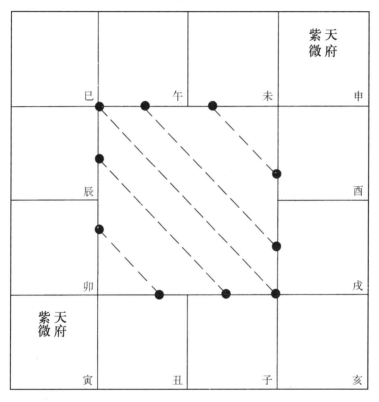

图六 安天府

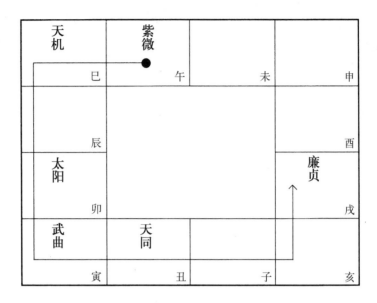

图七甲　安紫微诸曜例

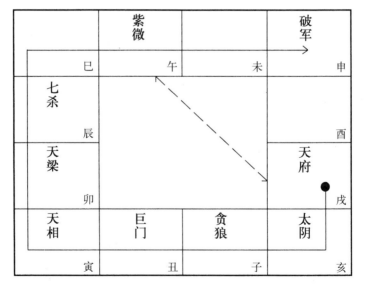

图七乙　安天府诸曜例

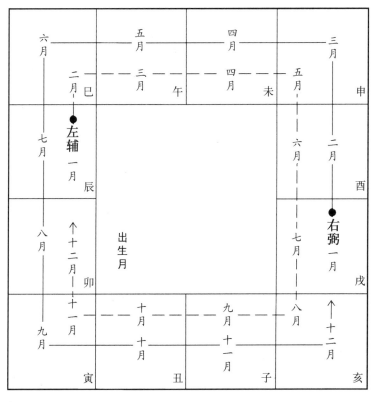

图八甲　安左辅　右弼

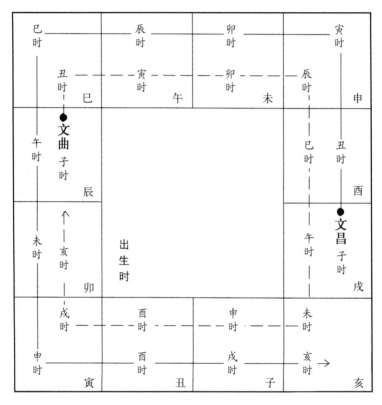

图八乙　安文昌　文曲

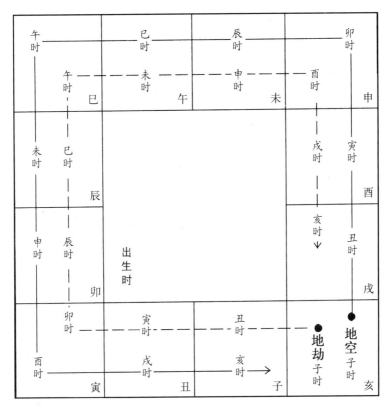

图八丙　安地劫　地空

10. 安四化星诀　天干

甲廉破武阳　　乙机梁紫阴
丙同机昌廉　　丁阴同机巨
戊贪阴阳机　　己武贪梁曲
庚阳武府同　　辛巨阳曲昌
壬梁紫府武　　癸破巨阴贪

11. 定魁钺诀　年干

甲戊庚牛羊　　乙己鼠猴乡　　丙丁猪鸡位
壬癸兔蛇藏　　六辛逢马虎　　魁钺贵人方（见图九）

例如甲年生人，天魁在牛位，即丑宫，天钺在羊位，即未宫，如此类推。

12. 定禄存、羊、陀诀　年干

甲禄到寅宫　　乙禄居卯府
丙戊禄在巳　　丁己禄在午
庚禄定居申　　辛禄酉上补
壬禄亥中藏　　癸禄居子户
禄前擎羊当　　禄后陀罗府（见图十）

先依诀定禄存位于何宫，即以禄前一宫安擎羊，禄后一宫安陀罗。

13. 安火铃诀　据年支依时起

申子辰人寅戌扬　　寅午戌人丑卯方
巳酉丑人卯戌位　　亥卯未人酉戌房（见图十一）

	辛年		
蛇 巳	马 午	羊 未	猴 申
龙 辰			鸡 酉
壬年 癸年 兔 卯	出生年干		狗 戌
甲年 戊年 庚年 虎 寅	牛 丑	乙年 己年 鼠 子	丙年 丁年 猪 亥

图九甲　安天魁

壬年 癸年 蛇 巳	马 午	甲年 戊年 庚年 羊 未	乙年 己年 猴 申
龙 辰			丙年 丁年 鸡 酉
兔 卯	出生年干		狗 戌
辛年 虎 寅	牛 丑	鼠 子	猪 亥

图九乙　安天钺

丙年戊年 巳	丁年己年 午	未	庚年 申
辰	禄存 （不入四墓宫） 由寅起甲，顺行，不入辰戌丑未四墓位（戊己与丙丁重叠）。 出生年干		辛年 酉
乙年 卯			戌
甲年 寅	癸年 子		壬年 亥

▲陀罗 巳	禄存 午	▲擎羊 未	申
辰			酉
卯			戌
寅	丑	子	亥

图十　安禄存　擎羊　陀罗

注：例如己年禄存在午、擎羊安未、陀罗安巳。

巳	午	未	申
辰	出生年支 起子时顺数		亥卯未 酉
巳酉丑 卯			戌
申子辰 寅	寅午戌 丑	子	亥

图十一甲　安火星

巳	午	未	申
辰	出生年支 起子时顺数		酉
寅午戌 卯			亥卯未　巳酉丑　申子辰 戌
寅	丑	子	亥

图十一乙　安铃星

起火铃二曜先据出生年支,依口诀定火铃起子时位。

例如壬辰年卯时生人,据"申子辰人寅戌扬"口诀,故火星在寅宫起子时,铃星在戌宫起子时,顺数至卯时,即火星在巳,铃星在丑。

14. 安天官天福贵人诀　年干

甲喜羊鸡乙龙猴　丙年蛇鼠一窝谋
丁虎擒猪戊玉兔　己鸡居然与虎俦
庚猪马辛鸡蛇走　壬犬马癸马蛇游(见图十二)

例如己年出生人,鸡位为天官,即酉宫,天福为虎位,即为寅宫(己鸡居然与虎俦)。

15. 安天厨诀　年干

甲丁食蛇口　乙戊辛马方　丙从鼠口得
己食于猴房　庚食虎头上　壬鸡癸猪堂(见图十三)

例如己年出生人,天厨在猴房,即申宫。

16. 安截空诀　出生年干

戊癸子丑起　推至甲己止
申酉是截空　戌亥不论此(见图十四)

截空是一个星占居二个宫位,在应用时,分为一正一副,正称为正空,副称傍空,以别轻重。正空重傍空轻。如出生年干属阳,则阳宫便为正空,阴宫为傍空;反言之,若阴年生人,则阴宫为正空,阳宫为傍空(此星不入戌亥宫)。

17. 安旬空　出生年

依年干年支顺数至癸后二位。

丙年 巳	癸年 午	甲年 未	申
乙年 辰	癸填实虚位）。 辛，下一壬合宮癸（壬 冲己，顺跳一宫，对 二位丁、上一戊，跳一 二位乙、上一丙，跳 甲年起未，逆跳		己年 辛年 酉
戊年 卯	出生年干		壬年 戌
丁年 寅		丑	庚年 子	亥

图十二甲　安天官（甲起未宫跳位走）

癸年 辛年 巳	壬年 庚年 午	未	乙年 申
辰	癸同庚辛。 之类唯不用四墓，壬 属木，布金位（酉申） 相克位寄宫，如甲乙 甲年起酉，逆行，		甲年 酉
戊年 卯	出生年干		戌
己年 寅		丙年 丑	子	丁年 亥

图十二乙　安天福（甲起酉宫寻克寄）

037

丁年 甲年 巳	乙年 戊年 辛年 午	未	己年 申
辰	出生年干		壬年 酉
卯			戌
庚年 寅	丑	丙年 子	癸年 亥

图十三　安天厨

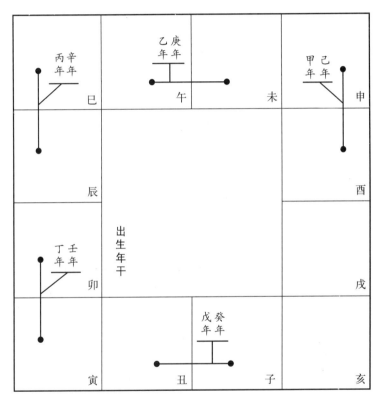

图十四 安截空

例如戊午年出生,于午宫起戊,未宫己,申宫庚,酉宫辛,戌宫壬,亥宫癸,天干至癸止。故旬空在子、丑二宫,亦分正空、傍空,同截空例。

18. 安天马天空诀　年支

驾前一位是天空　身命原来不可逢
寅申巳亥天马位　三合长生恰对冲（见图十五）

天空在出生年支前一宫,例如午年生人,天空在未宫。
天马以三合局为准,冲三合长生之宫位,即安天马。如申子辰年生人,长生在申,寅冲申,故此三年生人,天马在寅。

19. 安天哭天虚　年支

天哭天虚起午宫　午宫起子两分踪
哭逆巳兮虚顺未　生年寻到便居中（见图十六）

由午宫起子年逆行,数至生年即是天哭;由午宫起子年顺行,数至生年即是天虚。如寅年生人,天哭在辰;天虚在申。请参考图十六。

20. 安红鸾天喜诀　年支

卯上子年逆数之　数到当生太岁支
坐守此宫红鸾位　对宫天喜不差移（见图十七）

从卯宫上逆行起子年,至寅宫丑年,丑宫寅年……如是安红鸾后,天喜一定在红鸾对宫。例如巳年出生,红鸾在戌宫,天喜在辰宫。

图十五甲　安天马

图十五乙　安天空

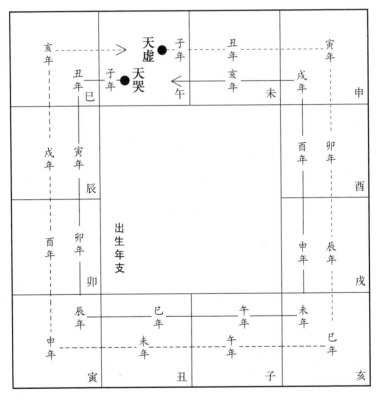

图十六　安天哭　天虚

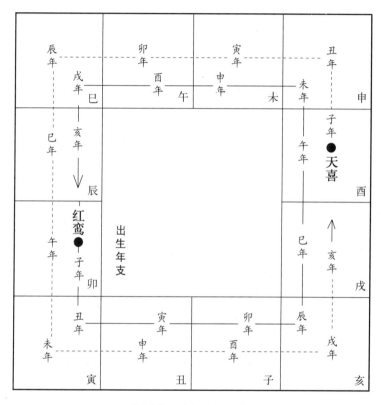

图十七 安红鸾 天喜

21. 安孤辰寡宿诀 年支

寅卯辰方安巳丑　巳午未方怕申辰
申酉戌方属亥未　亥子丑方寅戌嗔（见图十八）

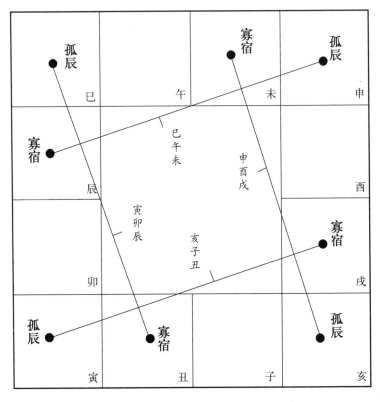

图十八　安孤辰　寡宿

先以"方"中的旺神求冲，如寅卯辰年生人，卯为旺神，卯的六冲在酉，得酉之后，其"局"中余宫即是孤辰寡宿位，酉属"巳酉丑金局"，所以巳宫安孤辰，丑宫安寡宿。

"亥子丑"中"子"冲"午"。"寅午戌"三合，找寅戌安星。

"寅卯辰"中"卯"冲"酉"。"巳酉丑"三合，找巳丑安星。

"巳午未"中"午"冲"子"。"申子辰"三合,找申辰安星。
"申酉戌"中"酉"冲"卯"。"亥卯未"三合,找亥未安星。

22. 安劫煞诀　　年支

申子辰人蛇开口　　亥卯未人猴速走
寅午戌人猪面黑　　巳酉丑人虎咆哮(见图十九)

劫煞以三合局来定位,例如申子辰三合水局,在水局之绝位,即巳位安劫煞,故寅午戌三合火局,绝位在亥宫,劫煞在亥。亥卯未三合木局,劫煞在申;巳酉丑三合局,绝位在寅。另可记"简法",即劫煞必在华盖前一位。

23. 安大耗诀　　年支

但用年支去对冲　　阴阳移位过一宫
阳顺阴逆移其位　　大耗原来不可逢(见图二十)

大耗安法,是在年支之对宫,前一位或后一位安星。阳支顺行前一位,阴支逆行后一位。

24. 安年支六曜诀　　蜚廉、破碎、华盖、咸池、龙德、月德

蜚廉分方顺年移　　西南东北各轮之　　破碎轮排巳丑酉
不关生月与生时　　辰丑戌未轮华盖　　酉午卯子布咸池
龙德起羊月起巳　　六星都起据年支(见图二十一)

蜚廉安星,子年由申宫起,十二年支顺序先在西方(申酉戌),次在南方(巳午未),续在东方(寅卯辰),最后在北方(亥子丑)安立。

●申子辰 巳	午	未	●亥卯未 申
辰 卯	出生年支		酉 戌
●巳酉丑 寅	丑	子	●寅午戌 亥

图十九　安劫煞

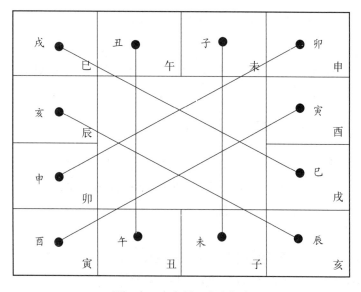

图二十　安大耗　出生年支

卯年 巳	辰年 午	巳年 未	子年 申
申年 辰	出生年支		丑年 酉
未年 卯			寅年 戌
午年 寅	亥年 丑	戌年 子	酉年 亥

图二十一甲　安蜚廉

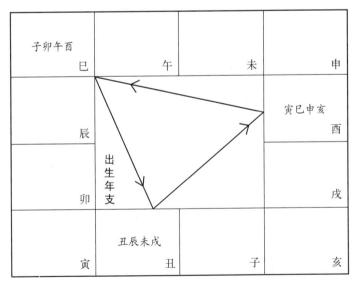

图二十一乙　安破碎　破碎子年在巳宫起，按巳丑酉三合轮排。

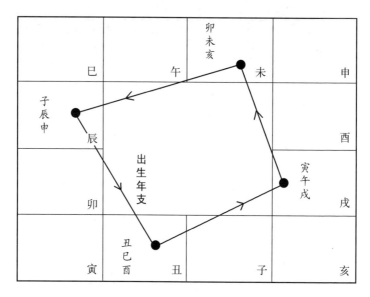

图二十一丙　安华盖　华盖子年由辰宫起,按辰丑戌未轮排十二支。

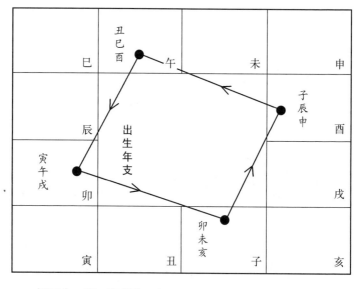

图二十一丁　安咸池　咸池由酉宫起,按酉午卯子轮排十二支。

图二十一戊　安龙德　龙德由未宫起子年,顺轮十二年支。

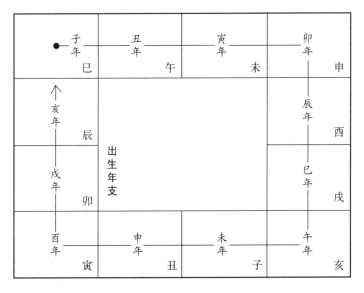

图二十一己　安月德　月德由巳宫起子年,顺轮十二年支。

25. 天德、年解 生年解神

天德星君起酉宫　顺至生年定其踪
年解戌宫逆行去　数至生年可解凶（见图二十二）

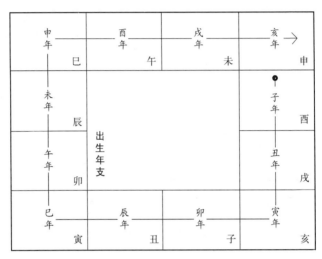

图二十二甲　安天德

图二十二乙　安年解

26. 安天才天寿诀　年支

命宫起子天才顺　身宫起子天寿堂

27. 安龙池凤阁诀　年支

龙池辰上子顺行　生年到处福元真
凤阁戌宫逆起子　遇到生年是此神（见图二十三）

28. 安台辅封诰　出生时

曲前二位是台辅　曲后二位封诰乡（见图二十四）

文曲星前二位安台辅，文曲后二位安封诰。例如文曲在未，台辅在酉、封诰在巳。

29. 安刑姚诀　出生月

天姚丑上顺正月　天刑酉上正月轮
数至生月便住脚　即安刑姚两颗星（见图二十五）

30. 安解神天巫　生月

单月冲宫觅解神　双月还依单月辰
巳申寅亥天巫位　分轮十二月星君（见图二十六）

解神又名月解，与按生年所安的"年解"有别。月解的起法，按两个月起一宫，例如正月二月同宫，依正月建寅，所以正、二月的月解同在寅宫的对宫，即申宫。

天巫由巳宫起，按巳申寅亥四宫顺序，分排十二月的天巫星位。

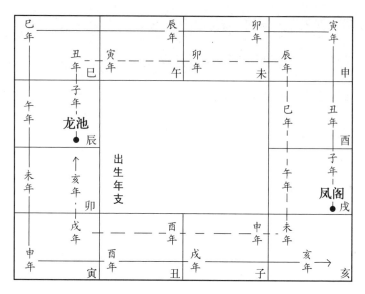

图二十三　安龙池　凤阁

封诰 巳	午	文曲 未	申
辰		文曲星前二位安台辅、文曲星后二位安封诰。例如文曲在未、台辅在酉，封诰在巳	台辅 酉
卯			戌
寅	丑	子	亥

图二十四　安台辅　封诰

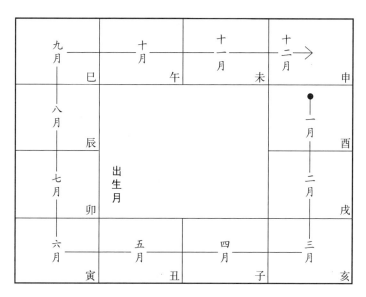

图二十五甲　安天刑

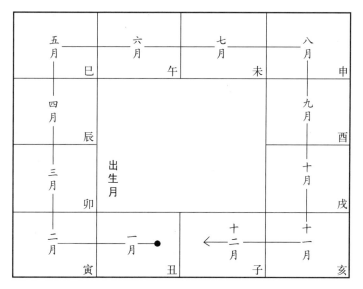

图二十五乙　安天姚

	十一月 / 十二月	未	一月 / 二月
巳	午		申
九月 / 十月 辰			酉
卯	出生月		三月 / 四月 戌
七月 / 八月 寅	丑	五月 / 六月 子	亥

图二十六甲　安解神

	一月 / 五月 / 九月	午	二月 / 六月 / 十月
巳		未	申
辰			酉
卯	出生月		戌
三月 / 七月 / 十一月 寅	丑	子	四月 / 八月 / 十二月 亥

图二十六乙　安天巫

31. 安天月诀 生月

一犬二蛇三在龙　　四虎五羊六兔宫
七猪八羊九在虎　　十马冬犬腊寅中（见图二十七）

32. 安阴煞诀 生月

寅子戌　申午辰　分六月　阴煞临（见图二十八）
阴煞安法，正月由寅宫起，隔一宫安二月，如是逆行轮排十二月。

33. 安伤使诀

天伤奴仆　天使疾厄　夹迁移宫　最易寻得

（凡阳男阴女，皆依此诀，但若为阴男阳女，则改易天伤居疾厄、天使居奴仆。）

天　伤	奴仆宫（交友宫）
天　使	疾厄宫

34. 安三台八座诀 依辅弼

三台左辅起初一　　数至生日是台宫
八座右弼逆初一　　数至生日定其踪

三　台	由左辅所坐的宫位起初一，顺行，数到本生日。
八　座	由右弼所坐的宫位起初一，逆行，数到本生日。

35. 安恩光天贵诀 依昌曲

文昌顺数至生日　　退后一步是恩光

二月 巳	十月 午	八月 五月 未	申
三月 辰			酉
六月 卯	出生月		十一月 一月 戌
十二月 九月 四月 寅	丑	子	七月 亥

图二十七　安天月

巳	十一月 五月 午	未	十月 四月 申
十二月 六月 辰			酉
卯	出生月		九月 三月 戌
七月 一月 寅	丑	八月 二月 子	亥

图二十八　安阴煞

文曲顺数至生日　退后一步天贵方

恩　光	由文昌所坐的宫位起初一，顺行，数到本生日再退后一步。
天　贵	由文曲所坐的宫位起初一，顺行，数到本生日再退后一步。

36. 安命主　年支

子属贪狼丑亥门　寅戌生人属禄存
卯酉属文巳未武　辰申廉宿午破军

出生年支	子	丑	寅	卯	辰	巳	午	未	申	酉	戌	亥
命　主	贪狼	巨门	禄存	文曲	廉贞	武曲	破军	武曲	廉贞	文曲	禄存	巨门

37. 安身主　年支

子午安身铃火宿　丑未天相寅申梁
卯酉天同身主是　巳亥天机辰戌昌

出生年支	子	丑	寅	卯	辰	巳	午	未	申	酉	戌	亥
身　主	火星	天相	天梁	天同	文昌	天机	火星	天相	天梁	天同	文昌	天机

38. 安长生十二神　五行局

依五行局起行，金在巳，木在亥，水土在申，火起寅。阳男阴女顺行，阴男阳女逆行。

十二神顺序： 长生、沐浴、冠带、临官、帝旺、衰、病、死、墓、绝、胎、养。

定五行长生诀

金生巳　木生亥　火生寅　水土生申（见图二十九）

金四局 巳	午	未	水二局 土五局 申
辰	以五行局		酉
卯			戌
火六局 寅	丑	子	木三局 亥

图二十九　安长生

39. 安太岁十二神　年支

太岁晦气丧门起　贯索官符小耗比
岁破龙德白虎神　天德吊客病符止

40. 安将前诸星　年支

将星三合起旺地　攀鞍岁驿息神方
华盖劫灾天三煞　指背咸池月煞亡
（见图三十）

41. 安生年博士十二神　以出生年干定禄存起,分顺逆

博士聪明力士权　青龙喜气小耗钱
将军威武奏书福　飞廉口舌喜神延
病符大耗皆非吉　伏兵官府相勾缠

禄存	不分男女皆从禄存起。阳男阴女顺行。阴男阳女逆行。									
博士	力士	青龙	小耗	将军	奏书	飞廉	喜神	病符	大耗	伏兵	官符

```
┌─────────┬─────────┬─────────┬─────────┐
│         │ 寅      │         │         │
│         │ 午      │         │         │
│         │ 戌      │         │         │
│    巳   │    午   │   未    │   申    │
├─────────┼─────────┴─────────┼─────────┤
│         │                   │ 巳      │
│         │                   │ 酉      │
│         │                   │ 丑      │
│    辰   │                   │   酉    │
├─────────┤      流年年支     ├─────────┤
│ 亥      │                   │         │
│ 卯      │                   │         │
│ 未      │                   │         │
│    卯   │                   │   戌    │
├─────────┼─────────┬─────────┼─────────┤
│         │         │ 申      │         │
│         │         │ 子      │         │
│         │         │ 辰      │         │
│    寅   │    丑   │   子    │   亥    │
└─────────┴─────────┴─────────┴─────────┘
```

图三十　安将前诸星

42. 流昌流曲

流昌起巳位　甲乙顺流去　不用四墓宫　日月同年岁
流曲起酉位　甲乙逆行踪　亦不用四墓　年日月相同
(见图三十一)

两诀末句,谓流年流月流日流时之流昌流曲,均依天干取。
坊本无"年解"及"流曲"。此为"中州学派"传授。

流年	甲	乙	丙	丁	戊	己	庚	辛	壬	癸
流昌	巳	午	申	酉	申	酉	亥	子	寅	卯
流曲	酉	申	午	巳	午	巳	卯	寅	子	亥

甲年 巳	乙年 午	/ 未	丙年 戊年 申
/ 辰	流年年干	甲年起巳，一路顺行，不入四墓宫（戊己同丙丁）。	丁年 己年 酉
癸年 卯			/ 戌
壬年 寅	/ 丑	辛年 子	庚年 亥

图三十一甲　安流昌

丁年 己年 巳	丙年 戊年 午	/ 未	乙年 申
/ 辰	流年年干	甲年起酉，一路逆行，不入四墓宫（戊己同丙丁）。	甲年 酉
庚年 卯			/ 戌
辛年 寅	/ 丑	壬年 子	癸年 亥

图三十一乙　安流曲

43. 流曜

"中州学派"用于大限、流年、月、日、时的星曜有：

流魁、流钺、流禄、流羊、流陀、流昌、流曲、流化禄、流化权、流化科、流化忌。

其中流"魁钺羊陀禄存"、流"四化"的起法与起星盘的方法相同，但都不写在星盘之上，在推算时记在心中，因此，熟念四化、禄存、魁钺等诀为推算运限之必需过程，不可轻视。

例如某人丙年生，他命盘的魁钺禄等分别为：

命盘　　　星宫位	魁钺	禄羊陀	化禄 化权 化科 化忌
	亥 酉	巳 午 辰	同　机　昌　廉

又如甲年；流年魁钺禄等分别为：

命盘　　　星宫位	魁钺	禄羊陀	化禄 化权 化科 化忌
	丑 未	寅 卯 丑	廉　破　武　阳

44. 定小限

先将生年分四局　　墓库冲处小限起
男顺女逆一路行　　不轮阴阳各排比（见图三十二）

寅午戌人，戌墓冲辰，小限一岁由辰宫起；亥卯未人，未墓冲丑，小限一岁由丑宫起；申子辰人，辰墓冲戌，小限一岁由戌宫起；巳酉丑人，丑墓冲未，小限一岁由未宫起。男命顺行，女命逆行，不分阴阳。

例如一九五六年出生，一九八五年西历二十九岁，农历作三十岁算。

		● 巳酉丑	
巳	午	未	申
● 寅午戌	一岁小限位 十三、二十五、三十七、四十九岁 同宫		
辰			酉
			● 申子辰
卯			戌
	● 亥卯未		
寅	丑	子	亥

图三十二　定小限

45. 流年太岁

推算流年，应以流年太岁为主，流年太岁便是流年所行的宫度，例如甲子年以子宫为太岁位，丙申年则以申宫为太岁位之类，看一年吉凶，以当年太岁位的三方四正所逢星曜决定。流曜则仍依年干起，不用宫干。

要查这一年中详细的运程，以流年太岁宫作为本年的命宫，按兄弟、夫妻等十二宫逆行安排，则一年中夫妻、子女、财帛等运程便可以推算。

应用时，以大限的吉凶星曜作为参考。

46. 安斗君　年支、月、时

太岁宫中便起正　　逆回数至生月停
此宫顺流子时位　　流至生时安斗君

安当年斗君以当年太岁宫位起,例如算子年五月卯时生人的斗君,于子宫起一月逆行,亥宫二月,戌宫三月,酉宫四月,申宫五月,于申宫起子时顺回,酉宫丑时,戌宫寅时,亥宫卯时,得子年斗君在亥宫。

得子年斗君宫位后,便可依次推出每年斗君,如丑年斗君在子、寅年斗君在丑等。

47. 儿童限

一命二财三疾厄 四岁夫妻五福德
六岁事业为童限 专就宫垣视凶吉

在未交入由五行局数决定的大限起运年龄前,可以儿童限来推算。儿童限一共六宫,一岁命宫,二岁财帛,三岁疾厄,四岁夫妻,五岁福德,六岁事业。例如木三局人,儿童限一岁在命宫,二岁在财帛宫,交入三岁即可依其3—12岁大限作推算。

(附)流月流日流时命宫定法

推算流月,系以当年斗君所在宫位为正月命宫,例如子年斗君在午,则丑年斗君顺排在未,因此丑年正月便以未宫起宫。又如寅年斗君在申、寅年正月在申宫,如此类推。

但是推流月时,流四化则以流月之天干来决定,例如某命流年乙丑年三月,子年斗君在午,则丑年斗君在未宫起正月,申二月,酉三月。但天干则以乙年(五虎遁月诀)起戊寅(正月)、己卯(二月)、庚辰(三月)。故推命时虽流月之命排在酉宫,但四化仍按庚辰月算,即庚—阳武府同。

闰月以前半月属上月,下半月属下月推算。

流日推算法是以流月宫位起初一,顺数回本宫为十三、廿五等。干支则以万年历中当日之干支来推各流曜。闰月之推法,例如三月有闰月,则三月顺数卅日后加上闰月前半月之十五日,共四十五日顺推,四月也是另起初一后,以四十五日顺推。

例如三月在酉宫,则三月十五日在亥宫,因三月初一在酉、初二在戌、初三在亥……顺至十三在酉、十四在戌、十五在亥宫。

流时推法是以流日子宫起子时,顺数亥宫为亥时。流时命宫仍按流时的干支算。

安 星 便 检 表

为方便初学排定命盘,特将安星简表予以附录,以便应用。但仍应熟读上章"安星曜口诀,图表及掌诀"。熟习之后,不但可以随时随地起盘,而且于"飞星"推断流运、流年、流月时,更为方便。因为当实际推算时,根本没可能一一查表,以致妨碍思路。

1. 命宫及身宫

生月\生时	子		丑		寅		卯		辰		巳		午		未		申		酉		戌		亥	
	命	身	命	身	命	身	命	身	命	身	命	身	命	身	命	身	命	身	命	身	命	身	命	身
正 月	寅	寅	丑	卯	子	辰	亥	巳	戌	午	酉	未	申	申	未	酉	午	戌	巳	亥	辰	子	卯	丑
二 月	卯	卯	寅	辰	丑	巳	子	午	亥	未	戌	申	酉	酉	申	戌	未	亥	午	子	巳	丑	辰	寅
三 月	辰	辰	卯	巳	寅	午	丑	未	子	申	亥	酉	戌	戌	酉	亥	申	子	未	丑	午	寅	巳	卯
四 月	巳	巳	辰	午	卯	未	寅	申	丑	酉	子	戌	亥	亥	戌	子	酉	丑	申	寅	未	卯	午	辰
五 月	午	午	巳	未	辰	申	卯	酉	寅	戌	丑	亥	子	子	亥	丑	戌	寅	酉	卯	申	辰	未	巳
六 月	未	未	午	申	巳	酉	辰	戌	卯	亥	寅	子	丑	丑	子	寅	亥	卯	戌	辰	酉	巳	申	午
七 月	申	申	未	酉	午	戌	巳	亥	辰	子	卯	丑	寅	寅	丑	卯	子	辰	亥	巳	戌	午	酉	未
八 月	酉	酉	申	戌	未	亥	午	子	巳	丑	辰	寅	卯	卯	寅	辰	丑	巳	子	午	亥	未	戌	申
九 月	戌	戌	酉	亥	申	子	未	丑	午	寅	巳	卯	辰	辰	卯	巳	寅	午	丑	未	子	申	亥	酉
十 月	亥	亥	戌	子	酉	丑	申	寅	未	卯	午	辰	巳	巳	辰	午	卯	未	寅	申	丑	酉	子	戌
十一月	子	子	亥	丑	戌	寅	酉	卯	申	辰	未	巳	午	午	巳	未	辰	申	卯	酉	寅	戌	丑	亥
十二月	丑	丑	子	寅	亥	卯	戌	辰	酉	巳	申	午	未	未	午	申	巳	酉	辰	戌	卯	亥	寅	子

2. 安十二宫表

命宫	子	丑	寅	卯	辰	巳	午	未	申	酉	戌	亥
兄弟	亥	子	丑	寅	卯	辰	巳	午	未	申	酉	戌
夫妻	戌	亥	子	丑	寅	卯	辰	巳	午	未	申	酉
子女	酉	戌	亥	子	丑	寅	卯	辰	巳	午	未	申
财帛	申	酉	戌	亥	子	丑	寅	卯	辰	巳	午	未
疾厄	未	申	酉	戌	亥	子	丑	寅	卯	辰	巳	午
迁移	午	未	申	酉	戌	亥	子	丑	寅	卯	辰	巳
交友	巳	午	未	申	酉	戌	亥	子	丑	寅	卯	辰
事业	辰	巳	午	未	申	酉	戌	亥	子	丑	寅	卯
田宅	卯	辰	巳	午	未	申	酉	戌	亥	子	丑	寅
福德	寅	卯	辰	巳	午	未	申	酉	戌	亥	子	丑
父母	丑	寅	卯	辰	巳	午	未	申	酉	戌	亥	子

3. 安十二宫天干表

本生年干 \ 十二宫	寅	卯	辰	巳	午	未	申	酉	戌	亥	子	丑
甲 己	丙	丁	戊	己	庚	辛	壬	癸	甲	乙	丙	丁
乙 庚	戊	己	庚	辛	壬	癸	甲	乙	丙	丁	戊	己
丙 辛	庚	辛	壬	癸	甲	乙	丙	丁	戊	己	庚	辛
丁 壬	壬	癸	甲	乙	丙	丁	戊	己	庚	辛	壬	癸
戊 癸	甲	乙	丙	丁	戊	己	庚	辛	壬	癸	甲	乙

4. 定五行局表

命宫天干 \ 命宫地支	子 丑	寅 卯	辰 巳	午 未	申 酉	戌 亥
甲 乙	金四局	水二局	火六局	金四局	水二局	火六局
丙 丁	水二局	火六局	土五局	水二局	火六局	土五局
戊 己	火六局	土五局	木三局	火六局	土五局	木三局
庚 辛	土五局	木三局	金四局	土五局	木三局	金四局
壬 癸	木三局	金四局	水二局	木三局	金四局	水二局

5. 起大限表

五行局 大限宫位　阴阳男女	水二局 阳男阴女	水二局 阴男阳女	木三局 阳男阴女	木三局 阴男阳女	金四局 阳男阴女	金四局 阴男阳女	土五局 阳男阴女	土五局 阴男阳女	火六局 阳男阴女	火六局 阴男阳女
命宫	2—11	2—11	3—12	3—12	4—13	4—13	5—14	5—14	6—15	6—15
兄弟宫	112—121	12—21	113—122	13—22	114—123	14—23	115—124	15—24	116—125	16—25
夫妻宫	102—111	22—31	103—112	23—32	104—113	24—33	105—114	25—34	106—115	26—35
子女宫	92—101	32—41	93—102	33—42	94—103	34—43	95—104	35—44	96—105	36—45
财帛宫	82—91	42—51	83—92	43—52	84—93	44—53	85—94	45—54	86—95	46—55
疾厄宫	72—81	52—61	73—82	53—62	74—83	54—63	75—84	55—64	76—85	56—65
迁移宫	62—71	62—71	63—72	63—72	64—73	64—73	65—74	65—74	66—75	66—75
交友宫	52—61	72—81	53—62	73—82	54—63	74—83	55—64	75—84	56—65	76—85
事业宫	42—51	82—91	43—52	83—92	44—53	84—93	45—54	85—94	46—55	86—95
田宅宫	32—41	92—101	33—42	93—102	34—43	94—103	35—44	95—104	36—45	96—105
福德宫	22—31	102—111	23—32	103—112	24—33	104—113	25—34	105—114	26—35	106—115
父母宫	12—21	112—121	13—22	113—122	14—23	114—123	15—24	115—124	16—25	116—125

6. 安紫微表

五行局＼生日	初一	初二	初三	初四	初五	初六	初七	初八	初九	初十	十一	十二	十三	十四	十五
水二局	丑	寅	寅	卯	卯	辰	辰	巳	巳	午	午	未	未	申	申
木三局	辰	丑	寅	巳	寅	卯	午	辰	未	辰	巳	申	巳	午	酉
金四局	亥	辰	丑	寅	子	巳	寅	卯	丑	午	卯	辰	寅	未	辰
土五局	午	亥	辰	丑	寅	未	子	巳	寅	卯	申	丑	午	卯	辰
火六局	酉	午	亥	辰	丑	寅	戌	未	子	巳	寅	卯	亥	申	丑

五行局＼生日	十六	十七	十八	十九	二十	二一	二二	二三	二四	二五	二六	二七	二八	二九	三十
水二局	酉	酉	戌	戌	亥	亥	子	子	丑	丑	寅	寅	卯	卯	辰
木三局	酉	午	未	戌	未	申	亥	申	酉	子	酉	戌	丑	戌	亥
金四局	巳	卯	申	巳	午	辰	酉	午	未	戌	未	申	巳	午	亥
土五局	酉	寅	未	辰	巳	戌	卯	申	巳	午	亥	辰	酉	午	未
火六局	午	卯	辰	子	酉	寅	未	辰	巳	丑	戌	卯	申	巳	午

7. 安紫微后诸曜表

诸曜＼紫微	子	丑	寅	卯	辰	巳	午	未	申	酉	戌	亥
天机	亥	子	丑	寅	卯	辰	巳	午	未	申	酉	戌
太阳	酉	戌	亥	子	丑	寅	卯	辰	巳	午	未	申
武曲	申	酉	戌	亥	子	丑	寅	卯	辰	巳	午	未
天同	未	申	酉	戌	亥	子	丑	寅	卯	辰	巳	午
廉贞	辰	巳	午	未	申	酉	戌	亥	子	丑	寅	卯

8. 安天府星

紫微	子	丑	寅	卯	辰	巳	午	未	申	酉	戌	亥
天府	辰	卯	寅	丑	子	亥	戌	酉	申	未	午	巳

9. 安天府以下诸曜表

诸曜＼天府	子	丑	寅	卯	辰	巳	午	未	申	酉	戌	亥
太 阴	丑	寅	卯	辰	巳	午	未	申	酉	戌	亥	子
贪 狼	寅	卯	辰	巳	午	未	申	酉	戌	亥	子	丑
巨 门	卯	辰	巳	午	未	申	酉	戌	亥	子	丑	寅
天 相	辰	巳	午	未	申	酉	戌	亥	子	丑	寅	卯
天 梁	巳	午	未	申	酉	戌	亥	子	丑	寅	卯	辰
七 杀	午	未	申	酉	戌	亥	子	丑	寅	卯	辰	巳
破 军	戌	亥	子	丑	寅	卯	辰	巳	午	未	申	酉

10. 安干系诸星表

诸星＼出生年干	甲	乙	丙	丁	戊	己	庚	辛	壬	癸
禄 存	寅	卯	巳	午	巳	午	申	酉	亥	子
擎 羊	卯	辰	午	未	午	未	酉	戌	子	丑
陀 罗	丑	寅	辰	巳	辰	巳	未	申	戌	亥
天 魁	丑	子	亥	亥	丑	子	丑	午	卯	卯
天 钺	未	申	酉	酉	未	申	未	寅	巳	巳
天 官	未	辰	巳	寅	卯	酉	亥	酉	戌	午
天 福	酉	申	子	亥	卯	寅	午	巳	午	巳
天 厨	巳	午	子	巳	午	申	寅	午	酉	亥
截 空	申	午	辰	寅	子	申	午	辰	寅	子
	酉	未	巳	卯	丑	酉	未	巳	卯	丑

11. 安支系诸星表

诸星＼出生年支	子	丑	寅	卯	辰	巳	午	未	申	酉	戌	亥
天 马	寅	亥	申	巳	寅	亥	申	巳	寅	亥	申	巳
天 空	丑	寅	卯	辰	巳	午	未	申	酉	戌	亥	子
天 哭	午	巳	辰	卯	寅	丑	子	亥	戌	酉	申	未
天 虚	午	未	申	酉	戌	亥	子	丑	寅	卯	辰	巳
龙 池	辰	巳	午	未	申	酉	戌	亥	子	丑	寅	卯
凤 阁	戌	酉	申	未	午	巳	辰	卯	寅	丑	子	亥
红 鸾	卯	寅	丑	子	亥	戌	酉	申	未	午	巳	辰
天 喜	酉	申	未	午	巳	辰	卯	寅	丑	子	亥	戌
孤 辰	寅	寅	巳	巳	巳	申	申	申	亥	亥	亥	寅
寡 宿	戌	戌	丑	丑	丑	辰	辰	辰	未	未	未	戌
蜚 廉	申	酉	戌	巳	午	未	寅	卯	辰	亥	子	丑
破 碎	巳	丑	酉	巳	丑	酉	巳	丑	酉	巳	丑	酉
华 盖	辰	丑	戌	未	辰	丑	戌	未	辰	丑	戌	未
咸 池	酉	午	卯	子	酉	午	卯	子	酉	午	卯	子
大 耗	未	午	酉	申	亥	戌	丑	子	卯	寅	巳	辰
劫 煞	巳	寅	亥	申	巳	寅	亥	申	巳	寅	亥	申
年 解	戌	酉	申	未	午	巳	辰	卯	寅	丑	子	亥
天 德	酉	戌	亥	子	丑	寅	卯	辰	巳	午	未	申
月 德	巳	午	未	申	酉	戌	亥	子	丑	寅	卯	辰
天 才	命宫	父母	福德	田宅	事业	交友	迁移	疾厄	财帛	子女	夫妻	兄弟
天 寿	由身宫起子,顺行,数至本生年支,即安天寿星。											

12. 安月系诸星表

诸星\出生月份	正月	二月	三月	四月	五月	六月	七月	八月	九月	十月	十一月	十二月
左 辅	辰	巳	午	未	申	酉	戌	亥	子	丑	寅	卯
右 弼	戌	酉	申	未	午	巳	辰	卯	寅	丑	子	亥
天 刑	酉	戌	亥	子	丑	寅	卯	辰	巳	午	未	申
天 姚	丑	寅	卯	辰	巳	午	未	申	酉	戌	亥	子
解 神	申	申	戌	戌	子	子	寅	寅	辰	辰	午	午
天 巫	巳	申	寅	亥	巳	申	寅	亥	巳	申	寅	亥
天 月	戌	巳	辰	寅	未	卯	亥	未	寅	午	戌	寅
阴 煞	寅	子	戌	申	午	辰	寅	子	戌	申	午	辰

13. 安日系诸星表

	安 星 方 法
三 台	由左辅所坐的宫位起初一,顺行,数到本生日。
八 座	由右弼所坐的宫位起初一,逆行,数到本生日。
恩 光	由文昌所坐的宫位起初一,顺行,数到本生日再退后一步。
天 贵	由文曲所坐的宫位起初一,顺行,数到本生日再退后一步。

14. 安时系诸星表

出生年支	本生时 诸星	子	丑	寅	卯	辰	巳	午	未	申	酉	戌	亥
	文 昌	戌	酉	申	未	午	巳	辰	卯	寅	丑	子	亥
	文 曲	辰	巳	午	未	申	酉	戌	亥	子	丑	寅	卯
寅午戌	火 星	丑	寅	卯	辰	巳	午	未	申	酉	戌	亥	子
寅午戌	铃 星	卯	辰	巳	午	未	申	酉	戌	亥	子	丑	寅
申子辰	火 星	寅	卯	辰	巳	午	未	申	酉	戌	亥	子	丑
申子辰	铃 星	戌	亥	子	丑	寅	卯	辰	巳	午	未	申	酉
巳酉丑	火 星	卯	辰	巳	午	未	申	酉	戌	亥	子	丑	寅
巳酉丑	铃 星	戌	亥	子	丑	寅	卯	辰	巳	午	未	申	酉
亥卯未	火 星	酉	戌	亥	子	丑	寅	卯	辰	巳	午	未	申
亥卯未	铃 星	戌	亥	子	丑	寅	卯	辰	巳	午	未	申	酉
	地 劫	亥	子	丑	寅	卯	辰	巳	午	未	申	酉	戌
	地 空	亥	戌	酉	申	未	午	巳	辰	卯	寅	丑	子
	台 辅	午	未	申	酉	戌	亥	子	丑	寅	卯	辰	巳
	封 诰	寅	卯	辰	巳	午	未	申	酉	戌	亥	子	丑

15. 安四化星表

年干	甲	乙	丙	丁	戊	己	庚	辛	壬	癸
化禄	廉贞	天机	天同	太阴	贪狼	武曲	太阳	巨门	天梁	破军
化权	破军	天梁	天机	天同	太阴	贪狼	武曲	太阳	紫微	巨门
化科	武曲	紫微	文昌	天机	太阳	天梁	天府	文曲	天府	太阴
化忌	太阳	太阴	廉贞	巨门	天机	文曲	天同	文昌	武曲	贪狼

16. 安长生十二神表

五行局	水二局		木三局		金四局		土五局		火六局	
顺 逆	阳男阴女	阴男阳女	阳男阴女	阴男阳女	阳男阴女	阴男阳女	阳男阴女	阴男阳女	阳男阴女	阴男阳女
长 生	申		亥		巳		申		寅	
沐 浴	酉	未	子	戌	午	辰	酉	未	卯	丑
冠 带	戌	午	丑	酉	未	卯	戌	午	辰	子
临 官	亥	巳	寅	申	申	寅	亥	巳	巳	亥
帝 旺	子	辰	卯	未	酉	丑	子	辰	午	戌
衰	丑	卯	辰	午	戌	子	丑	卯	未	酉
病	寅	寅	巳	巳	亥	亥	寅	寅	申	申
死	卯	丑	午	辰	子	戌	卯	丑	酉	未
墓	辰	子	未	卯	丑	酉	辰	子	戌	午
绝	巳	亥	申	寅	寅	申	巳	亥	亥	巳
胎	午	戌	酉	丑	卯	未	午	戌	子	辰
养	未	酉	戌	子	辰	午	未	酉	丑	卯

17. 安博士十二星表

禄存	不分男女皆从禄存起。阳男阴女顺行。阴男阳女逆行。										
博士	力士	青龙	小耗	将军	奏书	飞廉	喜神	病符	大耗	伏兵	官符

18. 流年岁前诸星表

诸星＼岁支	子	丑	寅	卯	辰	巳	午	未	申	酉	戌	亥
岁 建	子	丑	寅	卯	辰	巳	午	未	申	酉	戌	亥
晦 气	丑	寅	卯	辰	巳	午	未	申	酉	戌	亥	子
丧 门	寅	卯	辰	巳	午	未	申	酉	戌	亥	子	丑
贯 索	卯	辰	巳	午	未	申	酉	戌	亥	子	丑	寅
官 符	辰	巳	午	未	申	酉	戌	亥	子	丑	寅	卯
小 耗	巳	午	未	申	酉	戌	亥	子	丑	寅	卯	辰
岁 破	午	未	申	酉	戌	亥	子	丑	寅	卯	辰	巳
龙 德	未	申	酉	戌	亥	子	丑	寅	卯	辰	巳	午
白 虎	申	酉	戌	亥	子	丑	寅	卯	辰	巳	午	未
天 德	酉	戌	亥	子	丑	寅	卯	辰	巳	午	未	申
吊 客	戌	亥	子	丑	寅	卯	辰	巳	午	未	申	酉
病 符	亥	子	丑	寅	卯	辰	巳	午	未	申	酉	戌

19. 安流年将前诸星表

诸星＼流年年支	寅午戌	申子辰	巳酉丑	亥卯未
将 星	午	子	酉	卯
攀 鞍	未	丑	戌	辰
岁 驿	申	寅	亥	巳
息 神	酉	卯	子	午
华 盖	戌	辰	丑	未
劫 煞	亥	巳	寅	申
灾 煞	子	午	卯	酉
天 煞	丑	未	辰	戌
指 背	寅	申	巳	亥
咸 池	卯	酉	午	子
月 煞	辰	戌	未	丑
亡 神	巳	亥	申	寅

20. 安旬空表

年干	甲	乙	丙	丁	戊	己	庚	辛	壬	癸	旬空	旬空
年支	子	丑	寅	卯	辰	巳	午	未	申	酉	戌	亥
	戌	亥	子	丑	寅	卯	辰	巳	午	未	申	酉
	申	酉	戌	亥	子	丑	寅	卯	辰	巳	午	未
	午	未	申	酉	戌	亥	子	丑	寅	卯	辰	巳
	辰	巳	午	未	申	酉	戌	亥	子	丑	寅	卯
	寅	卯	辰	巳	午	未	申	酉	戌	亥	子	丑

21. 斗君 小限 命主 身主

斗 君 此表只起子年斗君。应由子年斗君所落之宫位起子,顺数至流年年支所落宫位,即为本流年之斗君。

如二月寅时生人,子年斗君在丑宫,丑流年斗君即为寅宫。

斗 君

生月＼生时	子	丑	寅	卯	辰	巳	午	未	申	酉	戌	亥
正 月	子	丑	寅	卯	辰	巳	午	未	申	酉	戌	亥
二 月	亥	子	丑	寅	卯	辰	巳	午	未	申	酉	戌
三 月	戌	亥	子	丑	寅	卯	辰	巳	午	未	申	酉
四 月	酉	戌	亥	子	丑	寅	卯	辰	巳	午	未	申
五 月	申	酉	戌	亥	子	丑	寅	卯	辰	巳	午	未
六 月	未	申	酉	戌	亥	子	丑	寅	卯	辰	巳	午
七 月	午	未	申	酉	戌	亥	子	丑	寅	卯	辰	巳
八 月	巳	午	未	申	酉	戌	亥	子	丑	寅	卯	辰
九 月	辰	巳	午	未	申	酉	戌	亥	子	丑	寅	卯
十 月	卯	辰	巳	午	未	申	酉	戌	亥	子	丑	寅
十一月	寅	卯	辰	巳	午	未	申	酉	戌	亥	子	丑
十二月	丑	寅	卯	辰	巳	午	未	申	酉	戌	亥	子

小限（不分阴阳，男顺行，女逆转）

小限岁数 \ 小限宫 年支										寅午戌		申子辰		巳酉丑		亥卯未	
										男	女	男	女	男	女	男	女
1	13	25	37	49	61	73	85	97	109	辰	辰	戌	戌	未	未	丑	丑
2	14	26	38	50	62	74	86	98	110	巳	卯	亥	酉	申	午	寅	子
3	15	27	39	51	63	75	87	99	111	午	寅	子	申	酉	巳	卯	亥
4	16	28	40	52	64	76	88	100	112	未	丑	丑	未	戌	辰	辰	戌
5	17	29	41	53	65	77	89	101	113	申	子	寅	午	亥	卯	巳	酉
6	18	30	42	54	66	78	90	102	114	酉	亥	卯	巳	子	寅	午	申
7	19	31	43	55	67	79	91	103	115	戌	戌	辰	辰	丑	丑	未	未
8	20	32	44	56	68	80	92	104	116	亥	酉	巳	卯	寅	子	申	午
9	21	33	45	57	69	81	93	105	117	子	申	午	寅	卯	亥	酉	巳
10	22	34	46	58	70	82	94	106	118	丑	未	未	丑	辰	戌	戌	辰
11	23	35	47	59	71	83	95	107	119	寅	午	申	子	巳	酉	亥	卯
12	24	36	48	60	72	84	96	108	120	卯	巳	酉	亥	午	申	子	寅

命　主

出生年支	子	丑	寅	卯	辰	巳	午	未	申	酉	戌	亥
命　主	贪狼	巨门	禄存	文曲	廉贞	武曲	破军	武曲	廉贞	文曲	禄存	巨门

身　主

出生年支	子	丑	寅	卯	辰	巳	午	未	申	酉	戌	亥
身　主	火星	天相	天梁	天同	文昌	天机	火星	天相	天梁	天同	文昌	天机

22. 诸星庙陷总表

十四正曜

星名\宫位	子	丑	寅	卯	辰	巳	午	未	申	酉	戌	亥
紫微	平	庙	庙	旺	陷	旺	庙	庙	旺	平	闲	旺
天机	庙	陷	旺	旺	平	平	庙	陷	平	旺	庙	平
太阳	陷	陷	旺	庙	旺	旺	庙	平	闲	闲	陷	陷
武曲	旺	庙	闲	陷	庙	平	旺	庙	平	旺	庙	平
天同	旺	陷	闲	庙	平	庙	陷	陷	旺	平	平	庙
廉贞	平	旺	庙	闲	旺	陷	平	庙	庙	平	旺	陷
天府	庙	庙	庙	平	庙	平	旺	平	庙	陷	庙	旺
太阴	庙	庙	闲	陷	闲	陷	陷	平	平	旺	庙	庙
贪狼	旺	庙	平	地	庙	陷	旺	庙	平	平	庙	陷
巨门	旺	旺	庙	庙	平	平	旺	陷	庙	庙	旺	旺
天相	庙	庙	庙	陷	旺	平	旺	闲	庙	陷	闲	平
天梁	庙	旺	庙	庙	旺	陷	庙	旺	庙	地	旺	陷
七杀	旺	庙	庙	陷	陷	平	旺	庙	庙	闲	庙	平
破军	庙	旺	陷	旺	旺	闲	庙	旺	陷	陷	旺	平

辅曜佐曜

星名\宫位	子	丑	寅	卯	辰	巳	午	未	申	酉	戌	亥
天魁	旺	旺	/	庙	/	/	庙	/	/	/	/	旺
天钺	/	/	旺	/	旺	/	/	庙	庙	庙	/	/
左辅	旺	庙	庙	陷	庙	平	旺	平	陷	庙	庙	闲
右弼	庙	庙	庙	陷	庙	平	旺	闲	陷	庙	庙	平
文昌	旺	庙	陷	平	旺	庙	陷	平	旺	庙	陷	旺
文曲	庙	庙	平	旺	庙	庙	陷	平	旺	庙	陷	旺
禄存	旺	/	庙	旺	庙	庙	/	庙	庙	/	庙	庙
天马	/	/	旺	/	/	平	/	/	旺	/	/	平

四化曜

星名＼宫位	子	丑	寅	卯	辰	巳	午	未	申	酉	戌	亥
化禄	平	庙	平	陷	庙	地	平	庙	庙	平	庙	庙
化权	闲	庙	旺	旺	平	平	庙	旺	庙	平	庙	旺
化科	旺	旺	旺	庙	庙	闲	庙	旺	庙	平	庙	旺
化忌	旺	庙	陷	旺	闲	陷	陷	旺	陷	陷	陷	陷

四煞空劫

星名＼宫位	子	丑	寅	卯	辰	巳	午	未	申	酉	戌	亥
擎羊	陷	庙	/	陷	庙	/	平	庙	/	陷	庙	/
陀罗	/	庙	陷	/	庙	陷	/	庙	陷	/	庙	陷
火星	平	旺	庙	平	闲	旺	庙	闲	陷	庙	庙	平
铃星	陷	陷	庙	庙	旺	旺	庙	旺	旺	陷	庙	庙
地空	平	陷	陷	平	陷	庙	庙	平	平	庙	陷	陷
地劫	陷	陷	平	平	陷	闲	庙	平	庙	平	平	旺

二、推断法

前　言

本篇分基本术语及推断要领两部分。

第一部分的"基本术语",是为了叙述时方便起见,将若干常用的术语下一定义,以便跟读者沟通。

第二部分的"推断要领",为本章的精华。"紫微斗数"的推断法本来非常朴实,只是近年来却花样百出,以致弄到各宫各有四化,又有"父母宫之疾厄宫"、"子女宫之事业宫"等,实缘未识推断要领,于推断失准时便挖空心思来企图补救之故。谁知愈补救愈复杂,便弄到支离破碎,矛盾丛生。这样一来,便引起反对者出现。反对者又自创新法,依然是从补救出发,一样破碎支离。

"中州学派"的推断法非常朴实。推大运时,以大运所在宫位为命宫,逆布兄弟、夫妻等十二宫,流曜概据命宫干支安布。

推流年时,以年支所在宫位为命宫,同样逆布十二宫,流曜概据年干年支安布(流月、流日、流时相同)。

这样的推断架构,看起来简单,但其实斗数的架构就是这么简单。只要熟悉推断要领,便可以从如此简单的架构中,看出许多复杂事件的环节。

下章"推断实例",是为了读者能正确运用"安星诀"(特别是"流曜"

的安布)及"推断要领"而设。读者于研读之时,自行在心中安布流曜,并参照笔者的解释,对"推断要领"自当心领神会。

基 本 术 语

(1) **正曜**:指紫微、天机、太阳、武曲、天同、廉贞、天府、太阴、贪狼、巨门、天相、天梁、七杀、破军等十四曜。

(2) **辅曜**:指左辅、右弼、天魁、天钺四曜。

(3) **佐曜**:指文昌、文曲、禄存、天马四曜。

(4) **煞曜**:指火星、铃星、擎羊、陀罗四曜,又称"四煞"。有时亦将地空、地劫包括在内,称为"六煞"。

(5) **空劫**:指地空、地劫二曜。

(6) **化曜**:指化禄、化权、化科、化忌四曜。

(7) **空曜**:指空劫与天空。截空、旬空亦可算作空曜,但力量较弱。

(8) **刑曜**:指擎羊及天刑。

(9) **忌曜**:指化忌及陀罗。

(10) **桃花诸曜**:指红鸾、天喜、咸池、大耗、天姚、沐浴六曜。廉贞贪狼虽有桃花性质,但入正曜系列。

(11) **文曜**:指化科,文昌、文曲,天才、龙池、凤阁六曜。

(12) **科名诸曜**:除上述文曜外,加上三台、八座,恩光、天贵,台辅、封诰,天官、天福八曜。

(13) **本宫**:即主事的宫垣。如看财帛,视财帛宫。财帛宫即是本宫。

(14) **对宫**:与本宫相对的宫垣。其关系为"六冲"。如子午一冲,子宫与午宫即互成对宫。

(15) **合宫**:与本宫成三合关系的宫垣。如本宫为子垣,因为申子辰三合,所以申辰两宫垣便是子垣的合宫。

(16) 邻宫：相夹本宫的两个宫垣。如本宫在子,则亥与丑两宫便为邻宫。

(17) 三方：本宫及合宫,总称为三方。

(18) 四正：三方加上对宫,称为四正。

(19) 坐守：正曜入躔本宫,称为坐守。如命宫有七杀正曜,称为七杀坐守命宫,或简称七杀守命。

(20) 同度：星曜同躔一宫。如除七杀坐守外,宫内又见禄存,则称为禄存同度。

(21) 拱照：星曜见于对宫。如七杀坐守,对宫紫微天府,称为紫府拱照。有时又称朝拱。

(22) 会照：星曜见于三合宫。如七杀在申宫坐守,贪狼坐辰,破军坐子,故称为贪破会照。

(23) 相夹：两星曜位于本宫的邻宫,称为相夹。如寅宫武曲化忌,擎羊在卯,陀罗在丑,即为羊陀夹忌。

(24) 见：凡星曜会合于三方四正,统称为见。

(25) 冲：凡煞忌诸曜见于三方四正,称为冲,斗数的冲,跟"子平"的六冲不同。有时亦称为冲破。

(26) 垣：即是宫的别名。有时又合称为宫垣。宫垣有两种：一按命盘地支来称谓,如子宫、子垣、丑宫、丑垣之类；一依主事来称谓,如命宫、命垣、父母宫、财帛宫之类。

(27) 杀破狼：指七杀、破军、贪狼三曜。这三颗星曜永远在三合宫（即三方）相会,成为命运转变的枢纽,故时合称为"杀破狼"。

(28) 日月：指太阳、太阴二正曜。

(29) 入庙：星曜处于最佳状态。有如星曜受人供奉,故称为"入庙"。

(30) 坐旺：星曜状态虽不如入庙时之佳,但却坐临旺宫,星曜依然有力。

(31) 落陷：星曜处于最不适宜的环境,以致吉曜无力,凶曜增凶。

(32) 平闲：星曜所临的宫垣属于中性。

(33) 借星：凡本宫无正曜，则借对宫星曜入本宫推算，称为借星。无论推算命盘十二宫，或大限十二宫，以至流年、流月、流日、流时，皆需用借星法。

推 断 要 领

学习"紫微斗数"其实只需了解三件事：（一）安星法；（二）星系的基本性质；（三）如何根据星盘来推断运程。本节提前谈到最后一点，目的是提高读者的兴趣。因为有许多人读过一些有关斗数的书籍之后，面对一个星盘，依然无法推断。现在先介绍这方面知识，读者即使未学习过"中州学派紫微斗数"的星系性质，至少亦可依本派的方法，对自己起出来的星盘作一初步的理解。

面对一个星盘，一般初学者的毛病，是太过着重命宫、迁移宫、财帛宫、事业宫这个"三方四正"的推断。因为现代人的一般心理，首先是注重自己的财帛与事业。

可是，这种推断法却容易陷于支离破碎，使人很难全面理解整个星盘格局的高低。依照笔者的经验，应该循下述的步骤来观察，才可以对命运有一全盘的理解。

1. 先看父母宫，再看田宅宫

由父母及田宅这两个宫位，即可以推断其人的出身，以及受父母荫庇的程度。这样，当观察命宫之时，才可以决定其人适宜行"白手兴家"的创业运势，还是适宜行"克绍箕裘"的保守运势。

这一点非常之重要，因为假如一个人的父母宫和田宅宫都很好，可是星盘中明显出现一个"白手兴家"的运程时，就证明其人的家庭极可能出现过一次崩破。反之,如果父母宫和田宅宫都坏的人,连续走两三个毫无突破的保守性运程,便很难推断其人有扭转环境的佳遇。

2. 命宫应与福德宫同时观察

一般来说,命宫"三方四正"星曜所显示的,是比较实质的运程,如物质享受、财富的多寡、事业的顺逆之类。福德宫"三方四正"所显示的,却是一个人的精神享受与思想活动。

如果两个宫位的性质都好,其人自然无往不利,而且可以肯定,一定有一个良好的家庭;反之,如果命宫很好,可是福德宫却相当差,那么就需要注意,他的婚姻或者不如意;他可能是靠侥幸致富,所以他的精神享受并不高尚;又或者其人的境遇虽然相当好,但可能有宿疾缠身。

3. 根据以上两项的观察,便可以找出一些特别值得注意的宫位

如怀疑其人婚姻不利,便应检视夫妻宫;怀疑其人有难以痊愈的慢性病,便应该检视疾厄宫;一定必须从星盘找出一些星系,足以解释命宫与福德宫互相配合得出来的性质,然后才可以作出推断。

下面,我们试举一个实例:

图一为一女命的星盘。命宫天机化科,太阴化禄,会财帛宫天同化权,是为"禄权科会",在斗数中是一个良好的结构。可是福德宫巨门化忌,会合夫妻宫见红鸾、咸池两颗桃花杂曜,对宫(即财帛宫)又见天姚。这样的星系结构,显示可能由婚姻生活导致精神痛苦,因此就必须详查其夫妻宫的星曜组合。

夫妻宫太阳、禄存坐守,丈夫并不贫穷。但会合巨门化忌,最坏的还是会合了对宫(即事业宫)的天梁、天刑,加上一颗火星。这种星系组合,显示夫妻无缘。

不过,夫妻无缘亦可能有多种性质,例如夫妻志趣不相投,会少离多,丈夫有外宠,丈夫多病等。要决定属于何种性质,光是看命盘的十

陀罗▲ 巳	太阳 红鸾 咸池 夫妻 丙午	擎羊▲ 地劫 未	太阴㊣ 天机㊣ 命宫 戊申
天同㊣ 天姚 财帛 甲辰			酉
卯			巨门㊣ 福德 庚戌
地空 迁移 壬寅	天梁 天刑 天喜 丑	火星▲ 事业 壬子	亥

图一

二宫无法解决,还必须详查大运与流年。所以,我们就进入第四个步骤。

4. 根据宫位的观察,追查运限

追查大限与流年的运势,常常可以补充对星盘作综合观察的推断。如上例,我们只要追查她每个大限的夫妻宫,就可以作出更准确的推断。

在二十五岁至三十四岁的"庚戌大限",戌宫变成大限命宫,所以戊申宫(原星盘的命宫)就变成夫妻宫。宫中飞入一颗大限的禄存(即"流禄",因为庚戌大限的禄存在申),可是亦同时惹来大运的"流羊"与"流陀"相夹(见图二)。

		▲运陀 地劫	天机（科）太阴（禄）运禄
巳	午	未	夫妻 戊申
天同（权）（运忌） 甲辰			▲运羊 酉
卯			巨门（忌） 25—34 命宫 庚戌
地空 壬寅	天刑 天喜 丑	天梁 ▲火星 壬子	亥

图二

　　参考原来的星盘（图一），原局夫妻宫亦有羊陀相夹的现象，这可以视为一种巧合，但如此巧合，一定别有道理，而且大运夫妻宫还会合了天同化忌（原命盘化权），加上大限命宫巨门化忌又与天同化忌遥遥相对，因而就可以肯定，在这个大限之中夫妻必有问题。

　　追查下去，就发现于癸亥年（一九八三年）的流年夫妻宫大有问题。（图三）。

　　流年夫妻宫在酉宫，紫微、贪狼入守，可是贪狼于癸年化忌，同时有大运的流羊同宫。会合的煞曜是巳宫的陀罗，丑宫的"流年流羊"，以及武曲破军、廉贞七杀等星曜。这种星系结构，其性质为"无家室之乐"——最坏的是"流年流羊"冲动"大运流羊"，同时惹起"紫贪"星系的

武曲 破军 ▲陀罗 巳	午	未	紫微 贪狼(年忌) ▲天钺 运羊(癸亥年 夫妻宫) 申
  辰			 酉
截空 大耗 卯			 戌
  寅	廉贞 七杀 文昌 文曲 ▲年羊 丑	 子	 亥

图三

化忌。所以初步推断,其人的夫妻生活非常之不协调。询问的结果,是癸亥年结婚,婚后一个月丈夫即性无能。

再检视那位丈夫的星盘疾厄宫,天机太阴坐守,有铃星及陀罗同宫,会合天梁及文昌化忌。同时"三方四正"又有大耗、咸池、红鸾等桃花杂曜,加上还有阴煞。这样的星系组合,据笔者的征验,乃属于由纵欲引起的阴分亏损,可以推断,其人在婚前已经斫丧过甚。因此建议那位丈夫去找一位著名的中医诊治,从养阴培元着手,结果于乙丑年(一九八五年)初,那对夫妇就来道谢,总算挽回一段眼看就要破裂的婚姻(见图四)。

		天机 太阴	▲铃星 ▲陀罗
巳	午	大阴耗煞 未	疾厄 丙申
天同 截空 天空 壬辰			酉
卯			戌
文曲㊤ 天魁 庚寅	丑	天梁 红鸾 咸池 文昌㊋ 庚子	亥

图四

5. 观察宫垣吉凶的一些技巧

从上面几项观察步骤，以及通过一个实例，读者相信对依星盘推断的法则已有大致的轮廓，但在实际推断方面，却还要熟悉一些技巧。

下面试将这些技巧罗列出来，读者必须紧记。

第一：借星安宫。

当一个宫位没有"正曜"之时，必须要借对宫的星曜入本宫，称之为"借星安宫"。——关于这点，一般斗数书籍或有触及，但有两个关键，却从来没有人谈到。

当"借星安宫"之时，必须将所借宫垣的星系全部借入，不仅仅是借正曜安宫而已,这是关键之一。

例如图五为一男命的星盘,夫妻宫在辰宫,因无正曜,所以要借入对宫的星系,经"借星安宫"之后,夫妻宫的星系结构就变成是天梁、天机化忌、火星、陀罗、左辅、右弼。

	太阴 天同 ▲▲ 铃星 擎羊		巨门 太阳㈣
巳	午	未	申
▲ 左辅 陀罗 夫妻 丙辰			酉 天梁 天机㈣ ▲ 火星 右弼
卯			戌
		文曲	
寅	丑	子	亥

图五

然而这一点还关系不大,因为对宫的星系性质本来已经足以影响本宫。即使不"借星安宫",本宫与对宫合起来的星系性质,亦大致上等于"借星安宫"后的性质。但另一个关键,却是使整个夫妻宫位发生变化。

当找寻一个宫位的"三方四正"时,如果有任何一宫无"正曜"坐守,则这个宫位仍须向其对宫"借星安宫",然后才与本宫会合。这是关键

087

之二。许多人熟读了大量斗数书籍之后,仍然无法推断得准确,即是由于不知道这一个关键的缘故。

仍以图五为例。在辰宫的夫妻宫与申、子两宫会合,又与对宫(戌宫)冲合,构成"三方四正"。申、戌两宫都有"正曜",不发生问题。然而子宫却只有一颗文曲,不属于"正曜",因此就必须向对宫(午宫)"借星安宫",所借加入者为天同、太阴、铃星、擎羊。

这样一来,夫妻宫的全部星系,便变成是火星、铃星、擎羊、陀罗等"四煞并照"之局,再加上天机(化忌)、天梁,天同、太阴,太阳(化科)、巨门的正曜组合。可以判断,婚姻生活一定极不完美,虽然不一定离婚,但却有貌合神离的可能。太阳化科加巨门同会,主夫妻彼此维持面子,所以即使是怨偶,亦不一定轻易言离。

读者由以上的例子可以知道,"借星安宫"是推断斗数的一大法门,尤其是笔者提出的两点关键,更是古人历来不肯轻传的"秘法"。希望对此能细心加以体会。

第二:注意一组星系性质,常常可以破坏另一组星系的性质——"星曜互涉"。

关于这一点,可以举一个实例来说明。

图六为一位中学女生的命盘。她于甲子年(一九八四年)参加中学会考。目前正行"癸卯大运"。

照甲子年的流年来看,命宫在子宫,有天府、武曲坐守,而且武曲于甲年化科,在申、午两宫,会合到左辅、右弼,文昌、文曲,再加上午宫的禄存,有本宫"大运流禄"相叠,是禄星文星齐集,成为"禄文拱命"的格局。依一般的看法,本年参加中学会考应该不会失败。

但我们却不妨注意到流年命宫(子宫)有咸池、大耗两颗杂曜,它们同居一宫,力量相当大,主带来不良后果的男女感情。

这时候,便应该去检视她的流年福德宫了(这即是命宫与福德宫同时视察的原则)。这个宫位落在寅宫,贪狼独守,但是在癸干大运贪狼化忌;与廉贞相对,亦是红鸾、天喜这对杂曜遥遥相对。再看寅宫会合

	七杀 文曲 右弼 禄存		廉贞 文昌 左辅 红鸾
	巳	午	未	申
紫微 天相 辰			
			酉
			破军 戌
贪狼（运忌）年禄（流年福德宫）天喜 寅		武曲 天府 ▲ 铃星 运禄（年科）（流年命宫）大耗 咸池 子	
	丑		亥

图六

申、午两宫的辅佐诸曜，为左辅、右弼，文昌、文曲，可谓桃花遍集福德宫。

在这情形之下，我们不妨推断，这位中学女生虽然读书的成绩不错，但可惜是年却陷入热恋之中，因而影响考试的成绩。——这位女生原来亦因为考试失败，所以才来求教于笔者。

从这个例子可以知道，只是因为"流年命宫"出现了咸池、大耗这对杂曜，便可以使"禄文拱命"的星系性质发生了变化。这即是"星曜互涉"的一个好例子。

第三：凡"对星"出现，力量加强。

推断斗数，有一常易为人忽视的原则，即是"见星寻偶"。而这亦是

"中州学派"认为相当重要的推断技巧。

所谓"见星寻偶",是因为斗数中有许多"对星",一颗独见之时,力量有限,但成对出现,力量便大为增强。——古人对于这点,其实亦已稍有透露。例如古人重视"逢府看相"、"逢相看府",即是因为天府、天相是"对星"的缘故。然而古人爱守秘,所以便只示一例,不详举其余。

现在,让我们把这些"对星"——详列出来,以供读者记忆。

正曜:"天府、天相","太阴、太阳","天同、天梁","廉贞、贪狼"。

辅曜:"左辅、右弼","天魁、天钺"。

佐曜:"文昌、文曲","禄存、天马"。

杂曜:"红鸾、天喜","咸池、大耗","龙池、凤阁","恩光、天贵","三台、八座","孤辰、寡宿","天哭、天虚","天福、天寿","台辅、封诰"。

然则,怎样才可以称为"对星出现"呢?其力量大小的判别,可按下述原则来鉴定。

在图七中,举出四种"对星出现"的情况。

首先,力量最重要的一种情况,是"对星同宫"。如图在丑宫,太阴太阳同守一宫,这种星系结构的力量绝不可忽视。

其次,力量相当重的一种情况,是"对星互照",如图在辰、戌两宫,太阴太阳互相对照,其力量的发挥亦不可忽视。

再次,为"双飞蝴蝶式"的会合,即"对星"分居本宫左右两个"合宫"。如图,以午宫为本宫,逆隔三宫的寅宫见天哭;顺隔三宫的戌宫见天虚,即天哭天虚这对"对星",以"双飞蝴蝶"的姿态跟午宫会合,对于午宫而言,力量亦重。——但对于寅、戌两宫而言,哭虚的会合却比较上没那么重要,因为这不属于"双飞蝴蝶式"的会合。

最后,是所谓"偏斜式"的会合。如图,以子宫为本宫,与申宫的文曲及对宫(午宫)的文昌相会,但对子宫来说,与申、午两个宫位的相对位置不平衡,因此这种"对星"出现的形式,力量就比较小。

总结一下,"对星"出现的力量,依下列次序递减:

	文昌		文曲
巳	午	未	申
太阴			
			酉
辰			太阳
			天虚
卯			戌
	太阳 太阴		
天哭 寅	丑	子	亥

图七

同宫——相对——在三合宫会照——一在三合宫、一在对宫会照——各居三合宫相会（如寅戌宫的天哭天虚）。

以上所述，前人亦视为"不传之秘"。所以依书籍学习斗数，往往会觉得一些星曜的会合作用很强，可是有时又觉得它们的会合，并未显示很大的作用，其故即在于不懂得按上述的会合形式来衡量其力量。

"借星安宫"、"星曜互涉"、"见星寻偶"，是笔者得传的"中州学派"推断星盘的三大重要技巧。本派前辈曾撰写讲义，但对此亦不肯透露，由是可知其重要性。希望读者对此能加以重视。

溥仪 星盘

1906年 丙午年 一月十三日午时 阳男

命主：火星　身主：火星　六局：火六局

巨门 太阴	天相	天机 天梁⑥	七杀 紫微
06—15 病 身宫 命宫	16—25 死 父母	26—35 墓 福德	36—45 绝 田宅
孤辰 封诰 解神	丧岁 小 门 耗	红天天 鸾喜贵	华天八 盖月座
天马	铃星 天铖	文曲 右弼	天魁
丙申	丁酉	戊戌	己亥

贪狼 武曲			
46—55 胎 事业			
费息将 紫神军			
火星			
乙未			

(表)

天空			天台 天福 天厨 天虚 辅
嗨攀青 气鞍龙			岁灾岁 破煞神
擎羊			
甲午			辛丑

太阴同⑥			
帝旺			56—65 养 交友
岁将力 建星士			大天天 耗魃伤
子斗			龙天天 德煞符
			辛丑

天府	破军 廉贞⑥		
临官	86—95 冠带 子女	76—85 沐浴 财帛	66—75 长生 迁移
禄存	陀罗 左辅 文昌⑥		
	壬辰	癸卯	庚寅
地天截破天 劫空空空碎巫	截寡年凤三 空宿解阁台	旬咸德池空 德池符光	旬寡天天阴 空宿才寿煞
病亡博 符神士 一岁	吊月官 客煞符	天咸伏 德池兵	白指大 虎背耗
癸巳			

三、推断实例 二十四则

(1) 父母宫两例

甲 溥仪

溥仪命宫为"太阳巨门"二曜,居于申宫。日生人以太阳为中天星系主星,故喜"百官朝拱"。若不识"借星安宫"之法,便不知其合格。一经借戌宫的星入辰宫(财帛宫),借午宫的星入子宫(事业宫),便知"朝拱"的星计有——

左辅、右弼,文昌、文曲,三台、八座,龙池、凤阁,台辅、封诰,共计五对("见星寻对"),已合"百官朝拱"的条件。

因此,虽太阳居于申宫,为日落西山的太阳,仍主其人有一定的地位。且属"禄权科会",更增加其人的贵显。

然而"太阳巨门"与天马同度,更见羊陀照射(擎羊系由午宫借入子宫),又见蜚廉、阴煞、孤辰、寡宿,则六亲缘薄,易于流离,亦可于星系组合中推度而得。

福德宫机梁同度,亦借会天马,虽见昌曲、辅弼、龙凤、台座诸对星,却只主其人好学而不专一,游移不定。所以溥仪连对打乒乓球都有过深厚的兴趣,但却一无所精。这种性质,亦与命宫阳巨逢马的性质配合。

然则最值得研究的却是他的父母宫。

父母宫中的星曜，天相独守，受到两组星影响——一为对宫的廉贞化忌、破军同度；一为火铃会照。仅得天钺而会不上天魁。但却有红鸾天喜对冲。

凡父母宫见火铃，又见辅佐诸曜中的"单星"（如本例，仅见天钺），多主两重父母。溥仪得登帝位，即系由慈禧抱养为嗣孙而致。

四岁己酉年，未交大运，童限在夫妻宫，会右弼而无左辅；会文曲化忌而无文昌；借会阳巨天马，父母宫武曲虽化禄、贪狼虽化权（其生父为"摄政王"），但见火星同度，于是年继出，亦可从星系组合看出端倪。

父母宫受廉贞化忌、火星、铃星、天刑、地空、地劫的影响（因为宫中坐守的正曜为天相，所以受影响更大），通常情形为祀出过继，感情破裂。观乎溥仪一生，依附慈禧、依附北洋军阀、依附日本军阀、一度依附苏联、其后又依附国民党及中共，数易其主，此盖亦系父母宫星曜的表征也（父母宫同时亦看上司及主管机构）。

乙　某女士

此命的命宫，见破军禄马同度，为浮动的星曜。更会子宫的铃星，凡命宫见火铃，均可能与父母有特殊情况出现。

父母宫借卯宫太阳化禄及天梁安星，擎羊坐守，会天同化忌巨门，又会天机。两岁起上运，大运甲申，太阳化忌，又为大运羊陀所照。

更值得注意的是，父母宫会昌曲对星，但只见天魁单星；又见红鸾单星而不见天喜，所以可推断不是父母有两重婚姻，而是自小即由他人抱养。

两岁辛卯年，流年羊陀会父母宫，又见火铃，命宫"太阳天梁"，均为重拜父母之兆。

禄存∞∞天马	破军∞∞		擎羊▲∞			廉贞府⊕恩天破碎廉光贵	火星×	太阴∞		铃星▲	贪狼∞
甲申 命宫	02—11 长生	地天年凤阴 劫虚解阁煞 岁岁博 破驿士	乙酉 父母		大破恩天 耗碎光贵 龙息官德神府	丙戌 福德	胎	蜚华天解八 廉盖才神座 白华伏 虎盖兵	丁亥 田宅	绝	天劫天封天 官煞德浩巫 天德大 煞耗
			天右左 陀弼辅 罗铍 兄弟	某女士 年 月 日 时				阴女	事业	82—91 墓	吊次病 客煞符
紫微∞			12—21 沐浴								
		截旬天月 空空喜德 小擎飞 耗羊神士	壬午 夫妻	水 二 局	命 身 主 主 天 禄 梁 存		天刑				
	22—31 冠带							己丑 交友	72—81 死	吊次病 客煞符	
天斗		天截旬龙 福空空池 官将青 符星龙	子 斗			天巨 同门⊕∞	天文∞∞ 魁昌曲				
天机×			辛巳 子女	七杀		庚辰 财帛	天太 梁阳⊕		天武 相曲⊕		
32—41 临官				42—51 帝旺		52—61 衰		己卯 疾厄	62—71 病	戊寅 身迁 宫移	
孤辰	费亡小 索亡耗	一岁 限	天天天三 哭寿姚台	丧月格 门煞君	天天台天 咸池辅伤		晦咸奏 气池书	地天天 空厨月	岁指飞 建背廉		

（2）命宫两例

甲　诸葛亮

本造命宫为天同坐守于卯宫，对宫太阴，其基本性质为感情用事。幸而有铃星、天刑同度，成为激发的力量，以及感情的压制，所以诸葛亮虽受刘备的感情熔化，"白帝城托孤"一役更决定其"鞠躬尽瘁，死而后已"的命运，但他亦能克制感情，挥泪斩马谡。

兼视福德宫，太阳化权，对宫巨门化禄。太阳主身劳而巨门主心劳，虽得禄、权、科会，不过主劳而有成而已，不能抵消身心劳碌的性质。

配合命宫的星系，天同主为人温厚、敏睿，最喜禄存会照，得白手而成大业。辅佐刘备得以鼎足三分，星盘自有征兆。至于会合巨门化禄，为口才之星，会合天机为谋略之星，均信而有征。

命宫见铃星，而父母宫见火星、陀罗、擎羊，故主早孤。见左辅右弼对星，而无单星会入，所以不主两重父母。按陈寿《三国志》，诸葛亮早年丧父，从叔父诸葛玄依荆州刘表，此即早孤之证。

建安十二年岁次丁亥，诸葛亮年二十七岁，刘备见之于隆中，三顾始见。是年为诸葛亮出为世用之始。

据星盘，属辛丑大限，事业宫太阳双化权，得巨门双化禄带两重天马来冲，自然精彩，文昌双化忌，不过主出场招忌而已。

翌年，岁次戊子，刘表卒，刘表之子刘琮降曹操，于是刘备走当阳，诸葛亮奉命出使东吴，联吴大破曹操于赤壁。是年命宫"廉贞天相"，为巨门化禄及天梁所夹，成"财荫夹印"之局，事业宫武曲得贪狼化禄来拱，又见左辅右弼，羊陀冲射不忌，盖原来的命格为天同坐命，不见煞不主精彩发越。

至于庚子大限，为诸葛亮一生建功业之十年。此大限命宫为"财荫夹印"，事业宫为武曲化权，天府又化科带煞来会，功业虽成亦主辛

诸葛亮 紫微斗数命盘

出生：0181年辛酉年七月廿三日巳时
阴男 身主：天同 命主：文曲 木三局

宫位	星曜	大限	干支
交友宫	天府 紫微(x) 火星(▲) 陀罗(▲) 天使	73—82 临官	丙申
迁移宫	太阴 禄存(®) 文曲	63—72 冠带	丁酉
疾厄宫	贪狼 左辅 擎羊	53—62 沐浴	戊戌
财帛宫	巨门(®) 天马(x)	43—52 长生	己亥
事业宫	天机(∞)	83—92 帝旺	乙未
子女宫	天廉贞相(∞x)	33—42 养	庚子
田宅宫	破军(∞) 天魁	甲午	
夫妻宫	天梁(∞)	23—32 胎	辛丑
福德宫	太阳(x∞) 文昌(∞)	癸巳	
父母宫	武曲 右弼	病	壬辰
命宫	天同 铃星(▲)	03—12 墓	辛卯
兄弟宫	七杀	13—22 绝	庚寅

劳。——父母宫得太阳于大限化禄,冲起禄权科忌四化并照,此即刘备予以倾心倚重,而时仍加以制肘之兆。

交四十三后己亥大限,仅得天盘之权禄并照,又见文昌化忌。癸卯年,刘备死于永安,受遗诏辅刘禅。太阴化科,而文曲化忌冲化科拱照命宫,故声名日隆而阴忌日深也。

诸葛亮得子甚晚,四十七岁丁未年始生诸葛瞻。"中州学派"只算得孕之年,不算生子之年,当时孕于四十六岁丙午,是年子女宫天同化禄,冲起巨门化禄,命宫见红鸾天喜。

四十八岁戊申年,为马谡所误,败返汉中。是年奴仆宫会合天机化忌、文曲化忌、文昌化忌。

翌年己酉,伐魏,拔武都阴平二郡。事业宫天梁双化科冲照太阳化权,同时会入命宫,惜文曲化忌又会文昌化忌,故不能竟全功耳。

戊戌大限,命宫贪狼化禄,武曲朝拱,故五十四岁时出兵斜谷,司马懿甘受巾帼妇人之服不敢应战,诸葛亮之声威可谓显赫。

惟大限疾厄宫太阳文昌化忌会天梁,又为羊陀所夹,乃误服方药的星系。五十四岁甲寅年,疾厄宫太阴坐守,会流年昌曲,恰为太阳化忌、文昌化忌会合天梁在三方来会,为服药失误之应,故疑诸葛亮之死乃误于医药。

紫微斗数命盘（某女士）

田宅宫 乙巳	官禄宫 丙午	仆役宫 丁未	迁移宫 戊申
天相 ×	天梁 ⊗	七杀 廉贞 ⊗	铃星 ▲
长生	84—93 养	74—83 胎	64—73 绝
晦劫飞廉气煞	天哭年凤天天旬寡空廉解才阁福解 神 门 煞书	旬天空使	龙天池刑
	丙午 事业	丁未 交友	戊申 迁移
天天劫台恩空孤煞辰昌辅光			官指小符背耗

某女士
阳女

年 月 日 时

金四局

命主 文昌
身主 廉贞

福德宫 甲辰			疾厄宫 己酉
巨门 ×			天同 ×
沐浴			一岁限 基 54—63
华天阴八盖寿煞座			天咸月天天青厨池德德青龙伤贵 天地天三厨劫官台 岁月力破煞土

父母宫 癸卯			财帛宫 庚戌
贪狼紫微 ⊗ 左辅			破军 武曲 ⊗ ▲
冠带			44—53 死
岁华盖建神	天文左魁曲辅	子斗	红大耗鸾 龙亡博德神士

命宫 壬寅	兄弟宫 癸丑	夫妻宫 壬子	子女宫 辛亥
天机 太阴	天府 ⊗	太阳 ⊗	右弼 禄存 ⊗
04—13 临官	14—23 帝旺	24—33 衰	34—43 病
截天天空哭月	蜚破天封伏廉碎德诰兵	攀羊 ▲	天马
	白虎 将星 官符	身夫宫妻	
吊岁天大客破哭耗	病息病符神符	截天空空	

100

乙　某女士

此命"天机太阴"坐命,天马同度。"天机太阴"已属变动不定的星系,更见天马,愈发增加了它的浮动性。更见天同陀罗于财帛宫,天梁化禄于事业宫,有可能人生浪荡,亦有可能仅属思想波动,必须详查父母宫及田宅宫而定。

父母宫见文曲文昌、左辅右弼两对星,但却见单星天魁,又有红鸾、咸池,为二母之应而已,父母却有教养。

田宅宫更见科文诸曜毕集,桃花曜重,见武曲化忌同破军来会,不过早年丧母,父亲续娶,而教养无亏也。

但父母宫及田宅宫都有火铃照射,命宫又见天马,则为少小离家之应,在现代,离家留学,已成为很普遍的现象。

再看福德宫。巨门在辰宫落陷,羊陀照射虽为一种激发,但所会的星曜却为太阳、"太阴天机"、天同,尽属浮动的组合。与命宫的星曜配合推断,其人乃属于学而不实的典型。——即喜欢学习各种科目,以至与本行本业无关的知识,但必半途而废。

这个命造,得力于田宅、父母二宫之吉。若不佳,则个性便可能受到不良的熏陶,以致成为专事挑剔、不守一业的人,人生便会比较坎坷。

曾国藩命盘

天梁 $\otimes$ 迁移 丙申 ▲火星 ▲陀罗	廉贞 $\otimes$ 63—72 临官 疾厄 丁酉 ▲铃星 禄存 天官 天才 伤 丧门 劫煞 土		破军 53—62 冠带 财帛 戊戌 ▲擎羊 地劫 天姚 句空	天同 43—52 沐浴 子女 己亥 文昌 $\otimes$ 贯索 紫煞 句空 天哭 伏兵 官符 指背 天
紫微 天相 83—92 衰 事业 甲午 天魁 天厨 天刑 月 病息神符耗	七杀 73—82 帝旺 交友 乙未 华盖 天使 岁建 华盖 青龙 天官才伤 红孤劫天巫煞 鸾辰煞恩光	**曾国藩** 1811年 辛未年 十月 十一日 亥时 木三局 命主 武曲 身主 天相 阴男		武曲 $\otimes$ 23—32 养 夫妻 庚子 地大咸月天 空耗池德贵 小咸大耗 耗池耗
天马 癸巳 田宅 吊岁客驿客驿军 天截空 福寿辅	紫微 $\otimes$ 天相 死 福德 壬辰 截路 空宿神 天解 德 神	巨门 $\otimes$ 天机 墓 父母 辛卯 文曲 $\otimes$ 天钺 岁月病 虚破碎符 天破封 德碎诰 卷舌 年凤八 廉解阁座 白虎 飞廉 将星 天马	贪狼 × 03—12 绝 命宫 庚寅 太阴 $\otimes$ $\otimes$ 13—22 胎 兄弟 辛丑 右左 弼辅 子 斗 天 喜 龙亡喜 德神神	

102

（3）兄弟宫两例

甲　曾国藩

关于曾国藩一生功过是非，见仁见智，迄今众口纷纭。本例仅想提出其兄弟宫来研究。

曾国藩的出生年月日时不成问题，著录甚多，都无异词，但经笔者起盘研究，比对史料，却认为须用"人盘"方合。附刊者即为人盘。

兄弟宫太阳化权，太阴同度。借会天机、巨门化禄、文曲化科，为禄权科会之局。且文曲、辅弼、禄马交会，不独兄弟众多，亦主同门及下属众多而且贵显。

曾国藩一生功业的肇端，系咸丰元年辛亥，因丁忧回乡，奉特旨会同巡抚张亮基办本省团练，由是始以军功起家。

是岁曾国藩年四十一岁，辛亥年父母宫见命盘火星、陀罗，又为流年之陀罗会照，命宫天同文昌双化忌会文曲化科被大运化忌冲起后再被流年化科相冲是为忧伤，故为丧礼之应，丁忧回乡。唯此大运，奴仆宫见武曲化禄，未始非由文翰转为军功之应也。

交四十三以后，转行戊戌大限，科文诸曜遍集兄弟宫，天机化忌不过多忧虑而已。

甚至交五十三岁以后，父母宫杀破狼会魁钺。命宫天机文曲化科会太阴化禄太阳化权，自当功名显赫。而本命兄弟宫之光辉，盖亦不宜忽视。

六十二岁壬申年，武曲化忌照命，流昌流曲会照；疾厄宫巨门忌冲禄，又见文昌羊陀夹忌会照冲文曲化科，寿元告终。

兄弟宫所主，除兄弟之外，当主同门同事，尤其是此造奴仆宫无正曜，要借兄弟宫的星曜入度，科文诸曜毕集，科禄权星又齐会，则同门同僚以至下僚之鼎盛，自符合曾国藩一生史实。

子女宫亦会上同样的星系，故门生弟子亦科甲功名鼎盛。借文昌化为忌星，清才者反难贵显，如是而已。

陈公博

1892年 壬辰年 八月廿九日戌时

阴男　金四局

命主：廉贞　身主：文昌

天机 × 天空 天孤 天劫 天鬖 天贵	紫微 ⊗ 天福 旬空 龚年 天廉 解 凤阁 天使		破军 ∞ 铃星 ▲ ∞
晦气 劫煞 飞廉	丧门 旬空 暮神	贯索 天病符	官符 大耗
64—73 长生	74—83 沐浴	84—93 冠带	临官
迁移　乙巳	疾厄　丙午	财帛　丁未 身宫	子女　戊申
			龙池 天姚

七杀			廉贞 天府 ⊗ ∞ 陀罗 ▲ ∞
华盖 台辅 天刑 天伤			地劫 咸池 天月 天德
54—63 养			帝旺
交友　甲辰			夫妻　己酉
岁华 奏书 建			小耗 伏兵

天梁 ⊗ 太阳 ∞			天相
截 天恩 天空 三台 才光			岁破 月煞
44—53 胎			衰
事业　癸卯			兄弟　庚戌
病符 息神 将军			天官 一岁限

天武 相曲 ⊕ ∞	巨门 天同 ∞	贪狼 文昌 × ▲ ∞ 火星 擎羊	太阴
截空 天解 天哭神	地空 蹇德 天宿 碎德	封诰 阴煞 白虎 力士	红鸾 大耗 天寿 天德 亚座 龙亡 博士
34—43 绝	24—33 墓	14—23 死	04—13 病
田宅　壬寅	福德　癸丑	父母　壬子	命宫　辛亥
吊客 岁驿 小耗			禄存 左辅

104

乙　陈公博

陈公博为抗日战争时期汪伪政权主要人物,汪精卫死后,继任"国府主席",旋即失败,被判汉奸罪枪毙。

笔者研究陈公博的命盘,觉得最值得注意的是他的兄弟宫。

兄弟宫中廉贞天府化科,会紫微化权,结构甚佳,故得与汪精卫结为生死之交,且受提拔,惜同时会上武曲化忌与天相,而且见天马而不见禄存,见文曲而不见文昌。

凡六亲宫位见"单星"者,力量或不足,或有欠缺,最宜详细推断。现在陈公博的兄弟宫既见两颗"单星"而不见禄,又见武曲化忌,则于紫微化权、天府化科的好处之外,自然亦主受牵连拖累。

四十四岁至五十三岁的大限,兄弟宫在寅宫,正是武曲化忌与天相同度的宫位,对宫的破军化禄冲起武曲化忌,铃星陀罗照会,所以汪精卫虽可在事业上对他加以扶持,官拜伪政权的行政院长,俨然元首的副贰,但事实上却是对他的连累。

一交五十四岁,走甲辰大限,兄弟宫太阳化忌,擎羊入度。既然一路推查,其兄弟宫的星曜都不吉,现在又见太阳化忌,自然可将其发展的脉络加以联系。是年为一九四五年乙酉,流年兄弟宫恰恰又为破军化权冲被陀罗挑起之刑忌夹印及羊陀夹忌的天相武曲化忌,再加上羊陀火铃冲照,则虽继汪精卫之后成为"国府主席",其中之凶败固不待言矣。

兄弟宫一般用来查看兄弟与自己的关系,但亦可用来查看跟自己关系密切的朋友,如清代的同门同年,现代人的同志。汪精卫与陈公博在国民党中关系甚深,所以他跟陈公博的关系,应在陈氏命盘中的兄弟宫来追查推断。

杨森 命盘

甲申 事业 84—93 絶 天府	乙酉 交友 74—83 墓 太阴⊕	丙戌 迁移 64—73 死	丁亥 疾厄 54—63 病 贪狼 廉贞
天钺 病亡喜 符神神 天解福神	天天天八 哭刑使座 岁飞廉 建星	铃文右 星昌弼 天天恩 晦攀奏空月光 气鞍书	天马 地地孤蜚天天 劫空辰廉寿伤 丧岁将门驿军
癸未 田宅 胎 破紫军微⊕	**杨 森** 阴男 1885年 乙酉年十一月十四日子时 金四局 命主 文曲 身主 天同		戊子 财帛 44—53 衰 巨门
一岁限 截旬 空空 吊月寡 客煞符			天魁 费息小 紫神耗
壬午 福德 养			己丑 子女 34—43 帝旺 天相
天天红咸天 厨空鸾池德 天咸大 德池耗			华华天龙 盖符才池 官华青 符盖龙
辛巳 父母 长生 太阳	庚辰 命宫 04—13 沐浴 七武杀曲	己卯 兄弟 14—23 冠带 天天梁同⊕	戊寅 夫妻 24—33 临官
擎文左 羊曲辅 白指伏 虎背兵 破天三 碎巫台	陀火禄 罗星存 天天官 贵寿府 天龙天德煞煞	天虚 岁灾博 破煞士	劫大月封阴 煞耗德诰煞 小劫力 耗煞士

(4)夫妻宫两例

甲 杨森

此为近代闻人杨森将军命盘。

杨氏出身行伍,晚年从事体育工作,享寿极高,一生妻妾众多,七十岁以后尚有艳闻流播,社会人士反而视为乃当然之事。

不妨看看杨氏命盘的夫妻宫。

"天同天梁"同度,见陀罗、铃星,又会太阴化忌。此星系主与妻离异,然后再娶,且以不举行正式婚礼为宜(见笔者的《中州学派紫微斗数讲义》)。如今更见太阴化忌,不利妻室,其基本结构已经如此。

尤其令人惊奇的是,夫妻宫见右弼而不见左辅;见天钺而不见天魁;见文昌而不见文曲(命宫则六颗辅佐曜全见,又见恩光、天贵,天官、天福,所以终其一生,始终有相当地位)。笔者一再强调,父母宫及夫妻宫都不宜见"单星",如今杨氏的夫妻宫三颗单星并照,自然构成多妻的条件。

再看杂曜,见红鸾(又是"单星"!)咸池大耗;加上这些桃花诸曜是从福德宫会入,则杨氏的精神享受可知,戎衣常着彩霞遮,可谓信而有征。

杨氏的福德宫,虽见天机化禄,唯对宫为巨门,却为羊陀同时射入(申宫无正曜,借寅宫的星,故羊陀便并照巨门),巨门最怕羊陀照射,因此便亦影响到杨氏之思想了。

会集福德宫的,亦全部是"单星",见天魁而不见天钺;见右弼而不见左辅;见文昌而不见文曲,兼且煞忌并临,自难情操高雅。不必红鸾天喜,咸池大耗齐集,已可知其性质。

当然,如果单凭命盘来看,可知杨氏婚姻生活多姿多彩,但决难推知其妻妾数目如此之众,斗数不是神仙,即此之谓,盖这亦与后天人事有关。

旬大咸天天天 空耗池德刑月 　小咸 　耗池 52—61 胎 天伤 天博 士	旬天恩 空虚光 岁月力 破煞士 62—71 养	天藏天阴天 厨空喜巫煞使 72—81 长生 破廉 军贞	地天截蜚年天天天 劫官空廉解同府 天 白将小 虎星耗 82—91 沐浴
▲陀罗 己巳 事业 × 七紫 杀微 42—51 绝 天龙八 哭池座 官指背 符背符		▲擎羊 辛未 迁移 某女士 年　　水 月　　二 日　　局 时 命　身 主　主 巨　天 门　相	∞禄存 庚午 交友 ∞铃天 星钺 壬申 疾厄 天藏龙 德神 青 龙
∞ 天天 梁机 ㊣㊣ 32—41 墓 台解 辅神 戊辰 田宅 贵天伏 索煞兵			∞ 天府 甲戌 子女 冠带 蜚天天 廉寿姚 天攀官 德鞍府
∞ 天相 22—31 死 丧灾大 门煞耗 丁卯 福德	× 文曲 ㊣ 丙寅 父母 12—21 病 天天孤劫天 福空辰煞才 晦劫病 气煞符	∞ 武贪 曲狼 ㊣㊣ 丁丑 命宫 02—11 衰 子斗 地破华 空碎盖 岁华岁 建盖神	∞ 天太 阴同 丙子 兄弟 帝旺 封病息飞 诰符神廉 ∞文 魁昌 乙亥 夫妻 临官 × 天马 吊岁奏 客驿书

108

乙 某女士

这位女士的夫妻宫初视之并无很大的缺点,天府坐守,"紫微七杀"于对宫来拱,借会武曲化禄、贪狼化权、左辅右弼;另照会卯宫的天相。

但一经"借星安宫"之后,便应注意到夫妻宫有火星、擎羊、陀罗并会。

还应该注意到,所会卯宫的天相,为"刑忌夹印"的格局,夹天相的"忌",是文曲化忌。——一般初学斗数的人,很容易为化禄、化权眩花了眼目,亦易因坐守夫妻宫的正曜为天府,误视为婚姻完美。

于丁卯大限,夫妻宫为"武曲贪狼",并无属于丁干的四化星会入,但大运的羊陀恰与天盘的羊陀重叠,力量加强,照射入夫妻宫内。因此就要追查流年,看哪一年婚姻方面可能发生事端。

查至一九七四年甲寅,命宫太阳化忌,与巨门化忌同度,此两化忌冲起文曲化忌,又见红鸾天喜,为有婚姻而婚姻不良之兆,尤其是该年如认识男友,因太阳化忌的关系,可能贻误终身。

流年夫妻宫虽为"天同太阴"并守,但由于借星安宫的关系,亦会照到命宫中的星系,婚姻之不佳,自然触目可见。——由是可见"借星安宫"之重要,否则便难看出是年乃由夫妻宫发生事端,可能因命宫星曜之不吉,误视为是年发生是非口舌。

该女士于是年结识一男友,于一九七八年戊午年始行婚礼。是年夫妻宫天机化忌,虽文昌文曲并会而文曲化忌(尤须注意,此化忌被大运的巨门化忌及流年天机化忌冲起),所以甫完成婚礼,立即变成有名无实。此中盖有难言之隐。

唯天盘夫妻宫为天府坐守,凡夫妻宫见天府者,无论出现任何情况,都不会立即决裂,反而有一段时期的藕断丝连。

可惜三十二岁后的大运夫妻宫,文曲化忌受大运天机冲照,故婚姻关系始终不能改善。四十二岁的大运夫妻宫又为文曲双化忌所夹,成为"刑忌夹印"的格局。一路追查下去,这位女士的婚姻确实令人耽心。

蒋介石命盘

1887年 丁亥年 九月十五日 午时
阴男 火六局
命主：巨门　身主：天机

巨门⊗禄存 丙午 福德 旬空 龙德博士息神	天相 丁未 田宅 擎羊 死 旬天华空哭盖 白华官 虎盖符	天梁⊗天同⊗ 戊申 事业 86—95 病 劫天 煞德 天封伏 德诰兵	七杀 武曲 己酉 交友 76—85 衰 天天破使姚碎 大客耗 吊咸大 客池耗
贪狼❋廉贞❋ 乙巳 父母 绝 地地劫恩光岁破天天天空劫煞驿厨刑巫 力士			太阳 庚戌 迁移 66—75 帝旺 子斗 天寡阴 喜宿煞 天病符
太阴⊗ 甲辰 身命宫官 06—15 胎 红大月解鸾耗德神 铃文星昌			天机❷ 辛亥 疾厄 56—65 临官 左辅 壬子 财帛 46—55 冠带 天咸台八空池辅座 晦咸飞气池廉 天年凤天天福解建哭贵 岁指青建背神
天府 癸卯 兄弟 16—25 养 截天龙空才寿池 官将小符星耗 火星	破军紫微❋ 壬寅 夫妻 26—35 长生 天截天三官空官台 费亡将索神军 右弼	一岁限 黄廉 丧月奏门煞书	破军紫微❋ 癸丑 子女 36—45 沐浴

(5) 子女宫两例

甲　蒋介石

学过"中州学派"斗数的人,对蒋氏的命盘当会觉得极有研究价值,如果详细研究,可以写成专书,现在则只想略谈一下他的子女宫。

蒋氏子女宫中星辰强烈,"紫微破军"坐守,会"武曲七杀"、"廉贞贪狼",且有羊陀照射。对宫天相为财荫所夹,亦为刑忌所夹。这种格局可谓吉凶交集。

紫破坐子女宫,主子女秀发。会天巫,子女能得自己的遗产遗业。见单星天钺,子女不同一母所生。凡此种种,笔者于《中州学派紫微斗数讲义》中均已提到。——尤请注意天相的影响,既属"财荫夹印"主有子能承父业,可是又见"刑忌夹印",则子女间之相左交参,以及自身子女曾见刑克,都可以凭星盘推断。

最令人感到值得研究的,是"紫微破军"对天相这组星,笔者将之订定为糖尿病的星系,恰恰经国先生又患糖尿病,彼此之间的关系如何,颇为值得研究。

蒋氏于一九七五年岁次乙卯逝世,享年八十有八。大运子女宫在巳宫,贪狼化禄与廉贞同度,又见天巫。子女继承己业的迹象非常明显。一九七四年甲寅,流年子女宫已见廉贞化禄,冲大运贪狼化禄,天巫同度,则实际上于一九七四年时,经国先生已作实际承继。

蒋氏为近代名人,许多术者都喜欢将他的命造加以研究,现在只研究他的子女宫,亦可引起相当兴味。

壬申 福德	癸酉 田宅	甲戌 事业	乙亥 交友
×贪狼	巨门 天机	天相 紫微	∞天梁
25—34 长生	35—44 沐浴	45—54 冠带	55—64 临官
子斗 截天阴空巫煞	天截天破威三 福空空碎池台	晦咸飞池廉神神	一岁限 天哭天姚	丧月病门煞符	孤台天辰辅伤	贯亡大索神耗

辛未 父母			丙子 迁移
▲火星 天钺			∞七杀
×太阴 太阳⊜	**某 男 士**		65—74 帝旺
15—24 养	年 月 日 时	阴男	
天旬寡封 官空宿诰			天龙恩 寿池光
病天 符煞书	士 五 局		官将伏 符星兵

庚午 命宫			丁丑 疾厄
∞天府 武曲⊜	命 身 主 主 廉 天 贞 梁		▲陀 天右左 罗 魁弼辅
05—14 胎			75—84 衰
地旬天天 空空刑月			天月天 喜德使
吊灾将 客煞军			小攀官 耗鞍府

己巳 兄弟	戊辰 夫妻身宫	丁卯 子女	丙寅 财帛
∞文昌	▲擎 铃 羊 星		∞天禄 马存
			∞廉贞⊜
	∞破军⊜	死	85—94 病
∞天同			
天天八 厨煞德座	天劫天 德煞德	地蜚华解天 劫廉盖神贵	白华青 虎盖龙		龙息力 德神士	天年天凤 虚耗德阁	岁岁博 破驿士
绝			

乙　某男士

此造之子女宫无正曜，借对宫"天机巨门"文曲入度安星。所会合的星曜，为太阴、太阳化忌、天梁等正曜，但火星、铃星、擎羊毕集，其凶险一望而知。

太阳化忌主眼疾，铃星则主慢性发炎之类，由是推断，此君的子女，患眼病的机会很大。

据此原则根查大运，自然以四十五岁至五十四岁时之子女宫最为危险，此时太阳双化忌，火铃照会，又有双重羊陀照射，恐有失明之应。能否回转乾坤，则仅赖天梁会照之力，微乎其微。

但如果再细加追查，在癸酉运中，亦有流运之羊陀会照未宫的星曜，于一九八二年岁次壬戌，未宫为流年的子女宫，其子女的目疾应肇祸于是年。天梁不过将目疾性质变为慢性而已。倘是年医理及时，且遇良医，则危机可以渡过，但太阳化忌会天梁的星系组合，加上四煞并照，则反可能为庸医所累，医疗耽延，则缠绵目疾数年之后，且恐失明。

此造子女宫星系，不利长男。长女主有目疾。由于有铃星同度会火星，长男长女都以祀出为宜。现今社会已很少有祀养的风气，普通的"上契"关系泛泛，因此反而比古代难于趋避。

天马 壬申 兄弟 临官	癸酉 命宫 04—13 帝旺 天同	甲戌 父母 14—23 衰	乙亥 福德 24—33 病 ×破军曲⑥
地藏孤空辰	丧岁飞门驿廉	天截红天合三福空鸾寿辅合 贯息喜紫神神	华龙天盖池月 官华病符盖符	劫月天煞德姚 小劫大耗煞耗
∞七廉杀贞⑥ 冠带	天天文钺昌曲 夫妻 辛未	宋子文 阴男 1894年 甲午年 十一月 初八日 己卯时 金四局	右弼 田宅 丙子 ∞太阳⑧ 34—43 死
天天天官空刑 嗨攀紫气鞍书			天天哭虚 岁灾伏破煞兵
∞铃星 子女 庚午		命主 火星 身主 破军	▲陀罗魁 事业 丁丑
∞天梁 沐浴			∞天府 44—53 墓
解阴神煞 岁将将建星军			大恩天耗光贵 龙天官德煞府
己巳 财帛 84—93 长生 ×天相	▲火星 戊辰 疾厄 74—83 养 ×紫微	丁卯 迁移 64—73 胎 ∞贪紫狼微	丙寅 交友 54—63 绝 ∞太天阴机
天旬破封八厨空碎诰座	旬天凤天空解阁使	天咸天德池才	地蜚天劫廉巫
病亡符神耗	吊客煞龙	天威池士	白指博虎背士

114

（6）财帛宫两例

甲　宋子文

宋氏为近代财阀，此已属凡人皆知的事实。做官而能够成为巨富，宋子文当属一典型人物。

此命盘为宋氏命盘无疑。父母宫天同对巨门，华盖同度。华盖为哲学宗教的星曜，其父为传教牧师，正相吻合。兄弟宫借入"天机太阴"，见禄存同度，且为禄马交驰，又会左辅右弼。太阴为女星，所以兄弟辈中以姐妹最为秀发；会太阳化忌，兄弟则皆不如姐妹远甚。世传宋子良先生患有不可告人之隐疾，未知是否弒实。

宋氏一生发越，肇始于民国十三年岁次甲子。是年宋氏才交三十一岁，走乙亥大运。此运武曲化科、破军化权，会廉贞化禄、七杀；又见"紫微贪狼"，为禄权科会的格局。更得紫贪与流运禄存同度，冲起天盘廉贞化禄，令人有财星满眼之感。出任财政部长，自有星曜组合上之征兆。

接行丙子大限，火铃同会大运命宫，为贪狼在命之人所喜。倘不谙"中州学派"之推算法则，将以为是同度太阳化忌坐命，不以为佳运也矣。

但太阳化忌其实亦非绝无影响。于三十四岁至四十三岁十年之内，三度向蒋介石提出辞职，则可见此大运之内，并非宋子文一生得意时期。

财帛宫太阴为财星。带禄存同时借入申宫，成禄马交驰的格局，所以在一九三三年岁次癸酉，宋氏终得蒋介石妥协，负责政府改组银行计划，出任中央银行总裁。

然而宋氏财富的积累，实在四十四岁至五十三岁的丁丑大限之内，财帛宫紫微、贪狼，得府相朝垣，此天相为火铃所夹，比"火贪格"还要得意,所以自一九三七年以至一九四六年,宋氏积聚如意,有世界第一富翁之誉。至于命宫得昌曲魁钺同会,则足以证明此十年内机缘之多。只可惜大运田宅宫却为巨门化忌,田宅宫主宋氏所服务的机构,依他的身份而言,即是国家,由是难免令人为宋氏的富豪身份而叹息。

五十四岁后,有天同化禄于大运财帛宫,此际财源滚滚而来,已属题中应有之义,无足深述。

观宋氏此造,由于是命宫借对宫的"紫微贪狼"入度,而财帛宫天相则为火铃所夹,恰恰配置成格,可以替"中州学派"论述作为样板。

乙　某男士

提出这个命盘来研究，是因为其人于一九七二年岁次壬子，以及一九八二年岁次壬戌，两年皆大破财，将过去的积蓄一扫而光。

友人曾用"子平"之术来推算，其四柱如下——

癸未

乙亥

乙丑

己卯

由此四柱，瞧不出"壬"干对他究竟有何特别影响，为什么三十、四十岁两年皆大破财。

笔者因此起了一个斗数星盘，并加以推断。

财帛宫天梁带天马、天钺坐守，借会天机、巨门化权，天同、陀罗、太阳、太阴化科、带擎羊、铃星。

凡天梁在财帛宫，必须会合太阴始能发福致富，但却不喜会见带动荡性质的星曜，更不喜见煞，否则主有破产的危险。现在命盘上的财帛宫却恰恰是两种情形都有，所以可以积财，亦于积财后便生大破败。

三十岁时，行己未大限，财帛宫会文曲化忌。一九七二年壬子，流年财帛宫廉贞为武曲化忌，带火星及流年擎羊照射。如是，即大运文曲化忌，流年武曲化忌，此两颗忌星本来居于互不相涉的宫度，亦无"借星安宫"的情形，但若留意到壬子年的流曲飞入子宫，造成流曲与武曲双化忌，且带煞曜来会廉贞，因而便出现破财的情形。

到一九八二年，其人四十岁，行戊午大限，财帛宫为贪狼化忌。是年壬戌，流年财帛宫为七杀，冲会原局之贪狼化忌，及流年之武曲化忌，且流运与流年之擎羊叠会在财帛宫，于是又生破败。

一九九二年五十岁，流年壬申，财帛宫"紫微天相"，会武曲化忌；天相又为大运巨门化忌所夹，怕再来一次破败。

天盘天梁坐财帛宫见煞重者，必须非常小心，不可贸贸然放手求财。若能安分守己，除任职之外不于不利年限经营，则未始不能逃过劫运。

某男士命盘

兄弟宫 庚申	廉贞∞ 地旬天红孤劫天 空空空鸾辰煞 13—22 临官 晦劫将 气煞军
命宫 辛酉	03—12 冠带 破军⊕ 旬合 空辅 丧灾小 门煞耗 天天青 寿月紫龙
父母宫 壬戌	▲陀罗 天同 沐浴 贯天青 索厨哭天 官指力 符背士
福德宫 癸亥	长生 天天天 厨哭桃 官指力 符背士
夫妻宫 己未	文昌曲 x∞ 23—32 帝旺 华天 盖刑 岁华奏 建盖书
中宫	某男士 年 月 日 时 命 身 主 主 武 天 曲 相 木三局 阴男
田宅宫 甲子	▲禄右 存弼 火 星 武天 曲府
子女宫 戊午	七杀∞ 33—42 衰 天解阴恩天 官神煞光贵 病飞 符廉
事业宫 乙丑	▲擎铃 羊星 太阴⊕∞ 83—92 胎 一岁 限 截天破 空虚碎 岁月官 破煞符
疾厄宫 丙辰	天紫 相微 53—62 死 蜚天天天 廉德官伤 小咸月八 耗池德座 岁大咸月八 截大咸月八 空耗池德座
迁移宫 乙卯	天魁 63—72 墓 年攀月 解鞍德 风天大 阁哭耗 天天天 德巫使 天天天 巫使合
交友宫 甲寅	贪狼⊕ 73—82 绝 巨天 门机⊕ 白将天 虎星煞 地天天三 劫贵巫台 龙亡伏 德神兵
财帛宫 丁巳	天梁∞ 天天 马钺 x∞ 43—52 病 吊岁喜神 客驿神 斗封 天福 天寿

（7）疾厄宫两例

甲　李纯

李纯为清末民初时的闻人，于清末时贵为提督，于民国五年时出任江苏都督，但民国九年即自杀身亡，造成疑案。我们不妨研究一下他的命盘。

天盘疾厄宫破军坐守，擎羊、陀罗、铃星并照，又见天刑，为刑煞交会之局。所以这组星曜有如埋下一个地雷，可以突然暴毙。——兼且"紫微天相对破军"，为有自杀倾向的星系组合，最嫌煞忌刑冲破。

四十六岁时，大限命宫丁亥，冲起巨门化忌，又于未宫借太阴化忌同会，兼且大运擎羊、陀罗均会照命宫，此运之不吉已不待言。

丁亥大限后第二年，即庚申年四十六岁，该年疾厄宫恰为"天机巨门"的宫度，巨门化忌会天同于流年化忌，又借会天盘的太阴化忌，命运年三化忌同会，流年疾厄宫又为年羊年陀会照，于是便难免于是年遭厄。

是年福德宫为破军坐守，所对之天相又恰为巨门化忌所夹，成"刑忌夹印"之局，对破军不无影响。这组"刑忌夹印"而且带煞的星曜又同时会照命宫，以致命宫、福德宫、疾厄宫同时受困。

检查命运，李纯是年除迁移宫外，更无逃避的方向，若能于是年辞官出国，则尚可免祸。唯势位利禄最易羁人，于未有灾厄发生之前，谁肯趋避耶！

天钺 甲申	乙酉	文曲 丙戌	左辅 丁亥
天梁 ⑧			廉贞 ⑧
交友	迁移	紫厄	财帛
75—84 长生	65—74 养	55—64 胎	45—54 绝
天福天劫天封天 伤空煞空德诰姚 天使	句破 空碎 吊灾飞 客煞廉	天同 天寡天 喜宿伤 病符蜚 符煞廉	天魁 年凤天 解阁巫贵 岁指将 建背军
七杀 ⑧	事业 癸未	李 纯 阴男	子女 戊子
截天华天 空哭盖月 白华病 虎盖符	85—94 冰浴	1875年 乙亥年八月十五日午时 身命士 主主五 天巨局 机门	武天 曲府 ⑧ 35—44 墓 天咸台阴辅煞 空池辅煞 晦咸小 气池耗
田宅 壬午		夫妻 己丑
天藏 厨空 龙息大 德神耗 冠带		⑧太太 阴阳 ⑤ 25—34 死
紫微 ⑧ 辛巳	铃文 星昌 ▲ 庚辰	火禄 星存 ▲ 己卯	陀 罗 ▲ 戊寅
天梁 ⑤	紫天 微相 ⑥	巨天 门机 ⑥	贪 狼 ×
福德	父母	身命宫	兄弟
临官	帝旺	05—14 衰	15—24 病
地地天恩 劫空虚光 岁岁伏 破耗兵	天红大月天 官鸾耗德刑 小攀官 耗鞍府	龙 池 官将博 符星士	孤天天解 辰空才寿神 贯亡力 索神士

乙　某女童

此女童于一九八二年壬戌出生，翌年患病不退烧，请笔者为其推算，笔者认为可能是呼吸器官有瘤肿，应请专科医生详细检查。其父母依嘱送女童入院检验，经证实为器管有瘤，幸尚未恶化，有治愈之希望。

此命盘之疾厄宫太阴坐守，但火铃羊陀四煞并照，生而带疾自无疑问，问题是患何种疾病。太阴本主阴分亏损之疾，但命盘之疾厄宫有时并不显示童年所患的病，反而可见于命宫。

星盘中的酉宫，为未上运时一岁的童限，流年壬戌，武曲双化忌于小限，所以推断为呼吸器官有瘤肿。

女童两岁的童限在财帛宫，是年为癸亥年，流年羊陀在三方会照小限，宫内贪狼又化为忌星，更会天刑、劫煞、大耗诸杂曜，主所患的病带损耗性质。按诸事实，是年该女童接受放射治疗，体质自然亏损。

三岁童限在疾厄宫，流年为甲子，限内太阴坐守而拱照太阳化忌，兼且四煞并照，病情反复之极，后幸能渡过，则赖天梁及华盖照会之力，而且天盘的羊陀未被流年羊陀冲起，力量未深而已。至四岁渐告有起色，得天寿拱照，未尝无关。

这种命造很难确定是否夭折，因为与祖德有关。女童的父母皆温厚纯良，所以三岁的大关能安然渡过，可谓侥天之幸。

天梁∞ 天同㊣	天左 马辅	七杀 武曲㊣		太阳∞		破军㊣ 紫微∞	天机∞		文曲∞	
15—24 长生	兄弟 戊申	05—14 养	命宫 己酉	胎	父母 庚戌	绝	福德 辛亥			
地天 劫哭	吊小岁 客耗驿 耗	天厨	病息青 符神龙	天华 官盖	岁华力 建盖士	天天孤劫封恩 贵辰煞助诰光 空	蜚劫天 廉煞煞		禄存	

某女童

年 月 日 时

土五局

命主：禄存 身主：文昌

天相	巨门∞						
25—34 沐浴	夫妻 丁未	35—44 冠带	子女 丙午			85—94 死	事业 癸丑
筝天天三八 宿德才月台座	天攀将 德鞍军	天阴 福煞	白将奏 虎星书			旬破天天伏 空碎紫寿兵 微刑	岁岁官 次门符

贪廉 狼贞∞	天钺	太阴		天府㊣	天魁		
45—54 临官	财帛 乙巳	55—64 帝旺	疾厄 甲辰	65—74 衰	身迁 宫移 癸卯	75—84 病	交友 壬寅
红大天天 鸾耗姚巫	子天 斗亡 神	天天 虚伤	一岁 岁限	截咸月台 空池德辅	岁月晦 破煞神	地截天 空空使	小咸天 耗池德符

铃星辛 陀罗 火星㊣ 天马 左辅

(8) 迁移宫两例

甲 秦桧

秦桧为家喻户晓的奸臣,"宋史"称:"桧两据相位,凡十九年,劫制君父,包藏祸心,倡和误国,忘雠致伦,一时忠臣良将诛锄略尽,附己者立兴擢用。晚年残忍尤甚,数兴大狱,而喜谀佞,不避形迹。"可见千秋早有定论。

近年虽有史家喜为古人翻案,谓岳飞实在是跋扈的军阀,当时南宋的形势亦宜和不宜战,所以秦桧杀岳飞未必是件坏事。无奈这种翻案文章仅属一场时代的笑话,秦桧之谥"谬丑",犹真为"谬丑"也。

审秦桧一生病根,在靖康元年奉使金营,至建炎四年回归这一段时期。其时秦桧大限在丙戌宫,迁移宫廉贞化忌与天府化科同度,会文昌、文曲,增加了廉贞化忌的"丧志"色彩。

他的命宫本为巨门与天同化忌同度,心志已嫌卑弱,所以当廉贞化忌坐迁移宫之时,与金人交往,难免即有卖国求荣之事。史家怀疑秦桧是金人的间谍,且死时有"东窗事发"的传说,按诸命盘,不可以说事出无因。

∞天禄马存 甲申 父母	▲▲铃陀擎羊星 乙酉 福德	文曲 丙戌 田宅	右弼 丁亥 事业
×∞天武相曲㊣ 13—22 绝	°天太梁阴㊣ 23—32 胎	七杀 33—42 养	×天机 43—52 长生
孤封天辰诰刑	蜚岁博廉驿士	红天鸾贵	贯息力索神士	旬华龙空盖池	官华青符盖龙	天旬劫月天八官空煞德巫座	小劫大耗煞耗
▲▲火陀天铃星罗钺 身命官 癸未	秦 桧		
∞天巨同门㊣ 03—12 墓	0850年庚年十二月廿五日午时		×紫微 53—62 沐浴
斗藏天君空空 暗攀官气鞍府			天天台天天哭虚辅魁伤
	木三局	阴男	岁灾将军敏破
	命 身主 主 破 火军 星		天魁 己丑 迁移
∞贪狼 死			63—72 冠带
兄弟 壬午			
天截解福空神	岁将伏建星兵		大天天耗才寿	龙天亲德煞书
辛巳 夫妻	∞文昌 庚辰 子女	左辅 己卯 财帛	戊寅 疾厄
∞太阴 病	∞廉天贞府㊣ 83—92 帝旺	衰	∞破军 73—82 临官
地地破劫空碎	病亡天符神耗	攀凤阴宿解阁煞	吊月病客煞符	天咸天三恩喜池德台光	天咸天德池使	天天天厨廉月使	白指背虎背廉

乙 某女士

凡学习过斗数的人,一看这个命盘,便应该有一个印象,她的婚姻不会如意,因为夫妻宫既见铃星,又见文曲化忌,而且辅佐诸星毕集,主至少有两度婚姻。

她于甲戌大限内,因离婚而赴海外。迁移宫无正曜,借天机天梁安星,会巨门及太阳化忌,更会文曲化忌。——太阳化忌不必在夫妻宫亦主受丈夫遗弃或拖累。所以这位女士移民之后,命运并不见得好。

她于一九七八年离开香港,旋即与一外国人同居。是年迁移宫在子宫,正是文曲化忌会太阳化忌的星系。更不幸的是,借会了天梁化科,与天机在流年化忌。即是说,这位女士因婚姻失意,却拣了一个迁移宫受三颗忌星照射的年份去迁移,以致影响自己一生的命运。

她与那位外国人的同居生活,只维持到一九八二年便起变化,是年夫妻宫又恰为"太阳巨门"那组星系。

由这个命例,可知人生迁移之重要。现代交通发达,迁移比古代远为容易,但宜与不宜,实应谨慎。

天铍弱右	巨太门阴		癸酉	天相	甲戌	天火乙马星亥
壬申 命宫	04—13 临官	父母	14—23 帝旺	福德	24—33 衰	田宅 34—43 病
天厨天八空喜座	龙亡青德神龙	天徽辈年天凤官空廉才阁	白小将耗虎星	寡天封阴宿德诰神煞	天攀蜚鞍廉军	天岁刑贵	吊岁天客驿马书

擎辛羊未				天文丙魁曲子
兄弟	某女士			身事官业
贪武狼曲	年 月 日 时	金四局		44—53 死
冠带				稍息飞符神廉
一岁限	身 命主 主 天 巨 相 门			
地旬天劫空虚 岁月力破煞士				

禄左存辅	庚午 夫妻			丁丑 交友
太天阴同	沐浴			54—63 墓
子斗 旬大咸月三空耗池德合	小咸博耗池士			破华天恩碎盖寿伤光 岁华岁神盖神

陀己罗巳		戊辰		丁卯		丙寅
子女 长生	天府	财帛 84—93 养	廉破军贞	疾厄 74—83 胎	文昌	迁移 64—73 绝
天龙哭池	官指青符背龙	天月	贯伏紫索兵微	地天天空姚使	丧灾大门煞耗	天天红孤劫敖福空鸾辰煞辅 天巫 劫晦劫煞病气符

(9) 奴仆宫两例

甲　慈禧

慈禧这个命盘,是据"中州学派"的"人盘"来起。因为起过"天盘"与"地盘",比对史实未见符合,而用"人盘"推算则若合符节。

现在只论她的奴仆宫(现代称为交友宫)。

奴仆宫无正曜,借对宫"天同太阴"安星,太阴化为忌星,又有咸池、大耗、天喜、天姚同会,可谓少阳刚而多阴柔。尤其是会文昌文曲,但却只会单星天魁,则阴柔之气更重。由于借星的关系,不但借入文曲,同时亦借入擎羊,于是奴仆宫便变成三煞并照。因此慈禧一生宠幸太监与小人,在星盘中早有征兆。

光绪七年,慈禧四十七岁,岁次辛巳,是年逼死慈安太后,为独掌大权,去除制肘的开始。此时她已走入辛巳大限,命宫为紫微化科与七杀同度,是一组权力很重的星曜。此大限的奴仆宫见太阴化忌,会合文昌化忌,又有两重擎羊照射,足见在此大限之内,她已开始宠信小人而行邪辟之事。流年恰恰又为辛巳,便更加重了奴仆宫的邪辟。

再走下一个大限壬午,奴仆宫依然不佳。如果不懂得"借星安宫"的话,不会看出它的坏处,懂得借星,便知道奴仆宫会到武曲化忌,使"武曲贪狼"这组星变成专权。所以光绪二十年甲午,便因御史安维峻案,导致与光绪不和,形成"帝后党争"。是年流年奴仆宫与大运奴仆宫同位,但天府所会的天相,不但有羊陀夹,而且还有太阳化忌来夹,而且太阳化忌及太阴化忌又会照命宫,听信谗言,小人播弄,按诸斗数推算,历历如绘。于是"戊戌政变"、"庚子拳乱"相继发生,祸国殃民莫此为甚。

慈禧死于光绪三十四年十月二十二日。先一日,光绪崩,造成千古疑案,世传乃慈禧病笃之时,其宠信先酖死光绪。

| 天铖 甲申 疾厄 76—85 病 ×破廉军贞 ∞ 天空红孤劫天 福空鸾辰煞才 喪天天 门姚贵 | ▲火星 乙酉 财帛 86—95 死 ∞天天阴使 晦劫奏 气煞书 天三台 贯天索神 | 铃文 丙戌 子女 ∞ 紫天 微府 ∞ 地地天龙 官指劫空哭池 符背符 | 丁亥 夫妻 绝 | 癸未 迁移 66—75 衰 ∞截华 空盖 岁华将 建盖军 | 慈禧 1835年 乙未年十月初十日子时 火六局 身 天 命 武 主 相 主 曲 | 右左 弼辅 ∞太天 阴同◎ 大咸月天 耗池德德贵 | 戊子 兄弟 胎 天魁 | 壬午 交友 56—65 帝旺 ∞天天台天天 刑月 天截天合天天 厨空寿辅刑月 天恩 伤光 病神符 | 辛巳 事业 46—55 临官 ×七紫 杀微◎ 吊岁青 客驿龙 | 天马 ▲文 擎曲 羊 | 庚辰 田宅 36—45 冠带 ∞天天 梁机◎◎ 天旬天解八 官空宿神座 | 己卯 福德 26—35 沐浴 ∞天 相 白将博 虎星士 | 己丑 命宫 06—15 养 ∞武贪 曲狼 大咸大 耗池耗 天封 喜浩 ∞陀 罗 戊寅 父母 16—25 长生 ∞巨太 门阴 一岁天 岁破碎 限虚 ∞禄 存 龙亡官 德神府 旬 空 |

按,是时慈禧为七十三岁,奴仆宫见太阴化忌及天同,为大运羊陀所夹,又为命盘羊陀照射,慈禧于此大运时之亲近小人,盖已势所不得不然。

是年流年为戊申,十月癸亥,流月奴仆宫在丑,贪狼两重化忌。酖死光绪固未尝无因,这组星又借入未宫,照会慈禧流月的疾厄宫,则慈禧是否死于被酖,亦未尝不可怀疑。——野史传闻,慈禧亲信酖死光绪后,防慈禧不忍,加以查问,于是翌日又酖死慈禧。在慈禧命盘的疾厄宫中,以及癸未大限的疾厄宫,都见到服药错误的星曜。野史或竟为历史的真实耶?

天文 钺曲 甲申 田宅 廉贞 绝 天天孤劫天 福空辰煞寿 天天 姚嗣 喜煞神 气	乙酉 事业 84—93 墓 姜灾飞 书煞廉 子 天 斗 贵	丙戌 交友 破军 死 台天 辅使 贯天紫 索煞书	左辅 丁亥 迁移 天同 74—83 病 天龙天 哭池巫 64—73 官指病 符背符
癸未 福德 胎 地藏华天恩 空空盖月光 岁华病 建盖符 ∞文昌 壬午 父母 七杀 养 天截封 厨空诰 病息大 符神耗	某男士 年 月 金 日 四 时 局 命 身 主 主 武 天 曲 相	天魁 戊子 疾厄 ∞ 天 武 府 曲 54—63 衰 大咸月天阴天 耗池德德才煞伤 ▲火星 己丑 身财 官帛 44—53 帝旺 ∞太 阴 ⊕ 岁天八 破碎台 虚座	
天马 辛巳 命宫 ▲擎羊 天紫 相微 ⊕ 天旬天天 官空德德 刑	∞右弼 庚辰 兄弟 禄存 巨天 门机 ⊕ 沐浴 14—23 攀官 鞍符 地黑年凤 劫德解解	▲陀罗 己卯 夫妻 ∞铃星 贪狼 冠带 24—33 岁 限 白将 虎星	戊寅 子女 34—43 临官 岁月青 煞德龙 龙亡力 德神土
天梁⊕ 04—13 长生 旬 空 吊岁伏 客驿兵		天 解 喜 神	

乙　某男士

这是一个误交匪人的命例。

这位男士出身中等家庭，虽早年父亲逝世，但却有遗产足以渡日（读者可自行推算其父母宫）。

但是，命盘中的交友宫（即奴仆宫）却碰到不良的星系：破军坐守，会文昌而无文曲，加上擎羊、陀罗、铃星并照，又见天刑，预兆其人在结交朋友方面可能出问题，因此影响到自身的际遇。

在二十四岁至三十三岁的己卯大限，交友宫在申宫，廉贞坐守，文曲化忌，且亦为三煞并照的局面。更逢大限福德宫流曲化忌而成六合暗会，故亦与其主道思想有关。

追查流年，于一九八一年岁次辛酉，流年交友宫在寅宫，会上流年的文昌化忌，以及大限的文曲化忌，又见桃花重重，本身已有陀罗铃星，更见流年羊陀会照。桃花重而见煞忌咸集，是年便因出入风月场所结交匪人而惹祸。

一九八二年壬戌，命宫为杀破狼会紫微化科及天相，更见原命盘羊陀及铃星会入流年命宫破军陀罗而成为极度反叛之组合。福德宫见武曲化忌会文曲化忌，又有流年擎羊入度，所以便因一念之差而犯上刑事官非。一九八四年甲子年入狱，则因交友宫仍劣，会见太阳太阴双化忌，犯官非后又再受友人唆摆做错事的缘故。计期至一九八七年应告出狱，是时已为三十三岁。

唯下一个戊寅大限的交友宫在未宫，借入太阳太阴化忌，又见天机化禄为化忌所冲，则交游仍应谨慎，否则必再生事端（读者可追查其三十四岁后逐年的命宫与交友宫）。

壬申 命宫 04—13	癸酉 父母	甲戌 福德	乙亥 田宅
天右破 钺弼军∞ 绝 天截旬劫大月 厨空空煞耗德 恩 光 小劫依 耗煞兵	廉天 贞府∞ 墓 天截旬天 官空空虚 岁灰大 破煞耗	太 阴∞ 死 封解阴 诰神煞 龙天病 德煞符	贪 狼⊗ 病 天天 才刑 白指晦 虎背神
辛未 兄弟 14—23 胎 地华龙凤 劫盖德阁 官华符解 符盖神 子天天 斗喜贵 费息博 索神士	于右任 男 1879年 己卯年三月二十日申时 身命 金四 主主 局 天文 同曲	天文 魁昌⊕ 贪 狼⊗ 84—93 夫妻 红咸天 鸾池德 天咸飞 德池廉	丙子 身宫 事业
庚午 夫妻 24—33 养 紫 微∞ 铃禄左 星存辅 ▲∞			巨天 门同∞ 帝旺 74—83 交友 寡天三八 宿使台座 吊月亡 客煞神
己巳 子女 天火陀 马星罗 ▲×▲ 天 机× 34—43 长生 孤岁破 辰华碎 丧岁力 门泽士	戊辰 财帛 七 杀 44—53 沐浴 天天 空月 晦攀青 气鞍龙	丁卯 疾厄 太 阳 ⊕ 54—63 冠带 地天天天 劫哭寿姚伤 岁将小 建星耗	丙寅 迁移 天武 相曲 ⊕ 64—73 临官 岁 文 昌 天台天 福辅巫 病亡奏 符神书

(10) 官禄宫两例

甲 于右任

于右任为近代政界名人。死时赋诗明志,愿葬身高冈,遥望故国,有古人狐死必首丘之志,论人格,实为近代不可多得之哲士。

其福德宫为"廉贞天府",会合星曜平衡,不偏重于廉贞之感情,又不偏重于天府的物质,所以一生忠厚诚朴。

疾病宫天梁化科与太阳同度,又有天寿同躔,故除曾遇险外,一生无宿疾大病。

于右任居监察院长职位凡三十余年,本来以为他的官禄宫有天梁坐守,但起出来的星盘,却是贪狼化权守垣,会合文曲(化忌);左辅右弼;天魁天钺;恩光天贵;又见禄存冲照。仅会到一颗铃星为凶曜。

笔者在《中州学派紫微斗数讲义》中提到:"贪狼守事业宫……必须以应酬交际为工作重点者为宜。但若于三方四正得化禄、化权、化科会照,无煞忌刑耗诸曜,而有辅佐诸曜,更得天官、天福;恩光、天贵;三台、八座、台辅、封诰;天巫会照者,则可谓政治圈中红人,为不同政治集团人物倚重,交际折冲,八面玲珑。"

这一段说话,恰恰为于氏的写照。于氏以党国元老之身,立身政坛数十年,各派系均加以推重,正符合官禄宫星曜的性质。

至于他专责于监察院的职务,则系五十四岁以后的事。其时大限在丁卯宫,太阳及天梁化科同度,会合太阴化禄、天同化权、巨门化忌。太阳天梁为刑法纪律之星,正堪任监察之职。巨门化忌喜会天梁,亦同时转变为"言责"之星;至于太阳巨门会则为名大于利;天同天梁会则为僚幕人材,于氏一生追随蒋介石,亦符合这个性质。

人的事业官禄,可于命宫显示,尤其是一个阶段的变化,往往由该阶段的命宫可见,所以丁卯大运的星曜征兆,可视为于氏专主监察的肇端。读者同时亦应兼视其迁移宫对他一生的影响。

巨门⊗	廉贞⊗天相	天梁⊗	七杀⊗
74—83 长生	64—73 养	54—63 胎	44—53 绝
铃星 天右弼	地天旬天咸天劫官空空池廉飞	旬蜚天天空廉寿伤	天巫
▲铃星		一岁限	孤辰
丁巳 交友	戊午 迁移	己未 疾厄	庚申 财帛
			左辅
			贯亡将索神军
贪狼⊗		某男士	天同×
84—93 沐浴		年 月 日 时	34—43 墓
地天寒阴空喜宿煞		身命主主天武机曲	破龙封三碎池诰合
		阴男	官将小符星耗
太阴⊗		金四局	武曲
病天煞符客煞			辛酉 子女
丙辰 事业			▲火星
天魁 文昌×			
			24—33 死
			红大月天鸾耗德贵
			小攀青耗鞍龙
紫微 天府⊗			太阴
冠带			壬戌 夫妻
吊灾大客煞耗		截华 天空盖辅	
乙卯 田宅			
	截解空神	龙息博德神士	▲擎羊
			14—23 病
	白华官虎盖府	帝旺	天陀文马罗曲
	甲寅 福德	乙丑 父母	天天厨虚
斗君	天机⊗		岁岁力破驿士
劫天天煞德刑光			癸亥 兄弟
			⊗禄存
临官			甲子 命宫
天劫伏煞兵			

乙　某男士

这个命造,是故意选出来跟于右任的命盘比较。

他亦是贪狼守事业宫,但却化为忌星。三方有破军化禄与禄存及七杀会照,对宫为武曲带火星。

跟于氏的事业宫比较,有所异同——

见化吉及禄,煞星只有一颗,这是相同的地方。无辅佐吉曜会合,杂曜中亦不见代表贵显的"对星"会照,这是相异的地方。贪狼化为忌星,由于相异之故,所以其人的事业宫虽为贪狼,却不擅于折冲交际,只成为一个活跃的商人。

于二十四岁至三十三岁的壬戌大限中,武曲化忌冲会贪狼化忌,已经伏下了地雷。于一九八〇年岁次庚申之际,财帛宫恰为贪狼化忌冲会武曲化忌,又为大运的羊陀照射,所以开始事业失败,其时为二十八岁。

至三十岁,为一九八二年壬戌,命宫两重武曲化忌,冲会贪狼化忌,财帛宫"廉贞天相"为流年大运两重羊陀会照,同时会照火星及命宫的武曲双化忌,所以事业一败涂地。

查壬戌大限时,事业宫为"紫微天府"同度,因此权力欲甚重,只可惜武曲化为忌星来会,所以屡屡经营却屡屡失败。若知趋避,则于运程之内仍安心任职而不自谋发展,则至少可以避免亏蚀。将来人生的发展,亦便不会太过吃力。

黄金荣 命盘

阴男 1868年 戊辰年十一月初一日子时 金四局 命主：廉贞 身主：文昌

禄存 天府	太阴同 太阴	贪狼 武曲	巨门 太阳
丁巳 交友 54—63 长生	戊午 迁移 64—73 沐浴	己未 疾厄 74—83 冠带	庚申 财帛 84—93 临官
晦博天天天天 气士空孤劫煞 　　辰煞伤	天天华凤合解 厨哭廉阁辅神 　　夹灾 　　门煞力 　　　　士	天天 刑使 费天青 索煞龙	天相 官小 符耗 咸月恩 池德光

陀罗 文曲			天机 天梁
丙辰 事业 44—53 养			辛酉 子女 帝旺
华天天 盖才寿 岁华官 建盖府			小咸池 耗池军 一岁 旬天 空虚月

廉贞 破军			紫微
乙卯 田宅 34—43 胎			壬戌 夫妻 衰
天天天 官福贵 病息伏 符神兵			七杀 紫微 岁月奏 破煞书

火星 左辅		右弼	
甲寅 福德 24—33 绝	乙丑 父母 14—23 墓	甲子 身宫 命宫 04—13 死	癸亥 兄弟 病
子天天三 斗哭虚台 吊岁大 客驿耗	截天天 空破碎德 天攀病 德鞍符	截八 空座 白将喜 虎星神	地地天红大天 劫空亡鸾耗桃 龙天飞 德神廉

（11）田宅宫两例

甲　黄金荣

黄金荣为上海洪门头目，三十四岁即受杜月笙拜门，可知其发迹之早。他为法租界华捕头目，其发迹与依仗外人势力有绝大关系。

黄氏的命盘，以田宅宫的星曜最为突出。"廉贞破军"坐守，主祖业破荡。但在斗数推算时，田宅宫亦用来观察其人立身的机构，因此便需注意到黄氏的田宅宫，还会上了"紫微七杀"这组代表权力的星曜，以及"武曲贪狼化禄"，这组代表积极求财的星曜。

将田宅宫的星曜性质综合观察，笔者觉得，相当符合当时上海租界华捕房的性质。权势与财源同时会合一组破荡的星曜，可谓亦正亦偏。更妙在田宅宫的对宫为天相，受"太阳巨门"与"天机天梁"所夹。"太阳巨门"有异族的意味，更令人拍案叫绝。

黄金荣十四岁至二十三岁的田宅宫在辰垣，借"天梁天机化忌"安星，会"太阳化科巨门"，"天同太阴化权"。但化忌的天机却于大运化禄；化权的太阴却于大运化忌，星曜的性质，显示他少年即以帮会为立身之地，同时又能得异族赏识。——天同太阴天机天梁的会合，加上化禄化权化忌的复杂性质，正符合帮会的特点。

唯黄金荣的福德宫有火星、天马，借太阳化科及巨门安星，可惜会上天梁天机化忌及铃星，所以器量便不如杜月笙之大。——杜月笙的福德宫为"廉贞天府"，四煞并照，却见辅弼、昌曲，所以虽然奔忙，然而器量却大，正堪担任折冲的角色。

黄氏身后的声名亦远不如杜月笙，即是由于福德宫不佳，口碑不及之故。

<table>
<tr>
<td>天机
文曲
孤天天
辰姚巫
贯亡大
索神耗
04—13
长生
命宫
辛巳</td>
<td>紫微
右弼
天截旬龙阴
福空空池煞
官将伏
符星兵
14—23
沐浴
父母
壬午</td>
<td>▲陀罗 天钺
截旬天月天台
空空喜德才辅
天月
小攀官
耗鞍府
24—33
冠带
身宫 福德
癸未</td>
<td>破军
天马 禄存 左辅
天年凤
虚解阁
岁岁博
破驿士
34—43
临官
田宅
甲申</td>
</tr>
<tr>
<td>一岁限
七杀
▲铃星
天哭
丧月病
门煞符
养
兄弟
庚辰</td>
<td colspan="2" rowspan="2">某男士
阳男
年 月 日 时
金四局
命主 禄存
身主 天梁</td>
<td>子斗
▲擎羊 文昌
大破天
耗碎寿
龙息力
德神士
44—53
帝旺
事业
乙酉</td>
</tr>
<tr>
<td>天梁 太阳㊡
天咸封三恩
空池诰台光
晦咸喜
气池神
胎
夫妻
己卯</td>
<td>廉贞 天府㊗
地蜚华天
空廉盖伤
白华青
虎盖龙
54—63
衰
交友
丙戌</td>
</tr>
<tr>
<td>天相 武曲㊌
▲火星
天厨
岁指飞
建背廉
绝
子女
戊寅</td>
<td>巨门 天同(忌)
天魁
红寡天
鸾宿刑
病天奏
符煞书
84—93
墓
财帛
己丑</td>
<td>贪狼
地解天
劫神使
吊灾将
客煞军
74—83
死
疾厄
戊子</td>
<td>太阴
天劫天八天
官煞德座贵
天劫小
德煞耗
64—73
病
迁移
丁亥</td>
</tr>
</table>

乙　某男士

此命的田宅宫为破军对"武曲天相",火铃同时照射,加上禄存天马同度,所以呈现流离的色彩,而且潜伏有火灾的性质。

二十九岁时,仍在癸未大限,田宅宫"廉贞天府化科",火铃同时会照。是年为一九七八年岁次戊午,该年田宅宫落在文昌擎羊的宫度,借会"太阳天梁"为流年的天机化忌羊陀夹挑起天同化忌遇大运擎羊一齐射入,因此发生火灾,入住政府廉租屋。此为"太阳天梁"的造化。

至一九八四年甲子,此时已入甲申大限,大限田宅宫太阴独守,会太阳化忌(原来化禄)及天同化忌、巨门,且有大限的擎羊会照,又有命盘的陀罗会照(注意,天盘及大运两对羊陀互相冲会,力量非常之强)。由是预兆其人在甲申大限中的田宅宫可能出事。

一九八四年甲子的田宅宫为"太阳天梁"那组星,太阳虽在命盘化禄,但却在大运化忌,在流年又化忌,更加上借会"巨门天同化忌",同时见命盘,大限及流年的三重羊陀照射,可以肯定出事即在当年。

那一年,他申请购买"居屋",因系廉租屋户可以优先,但却填错表格,于买得"居屋"之后,第二年即被政府控告提供假资料。——是年福德宫为太阳化忌冲太阴化忌,又借会天同化忌,难免精神饱受折磨。命宫星曜则为巨门及天同化忌,借会"天梁太阳化忌",是非口舌难免,且带词讼的意味。受官方控告,在星盘中已有迹象显然。但追查本末,却是由于先一年田宅宫出事之故。若是年知所趋避,不申请购买"居屋",则后天人事亦未尝不能补救。

汪精卫

1883年
癸未年
三月廿八日巳时

水二局
阳男
命主：武曲
身主：天相

天相 62—71 临官 迁移 丁巳	天梁 52—61 冠带 疾厄 戊午	七廉 杀贞 42—51 沐浴 财帛 己未	文曲 32—41 长生 子女 庚申
巨门 72—81 帝旺 仆役 丙辰			天同 22—31 养 夫妻 辛酉
贪狼紫微 82—91 衰 事业 乙卯			破武 军曲 12—21 胎 兄弟 壬戌
太天 阴机 病 田宅 甲寅	天府 死 福德 乙丑	太阳 墓 父母 甲子	02—11 绝 命宫 癸亥

140

（12）福德宫两例

甲　汪精卫

汪精卫为国民党重要人物,曾受孙中山先生寄以重任,但却于民初失意,至日本侵华时期,竟于南京组织伪政权,以致身败名裂。

当他组织伪政权之时,大运在戊午宫,天梁坐守,会太阴化权化科,太阳又化科,成为"日月双化科"照命的格局。只可惜天机同时化忌,所以虽得虚名而始终失计。

当戊午大限之时,他的福德宫在申垣,借入"天机太阴"这组星,会巨门化权,太阳化科、禄存诸曜,禄权科会而天机化忌,正与大限命宫的星曜性质符合。所以势位利禄薰心而致失足。——笔者的先祖父与汪氏长兄汪兆镛结交,先叔亦与汪氏的侄辈结交,故知汪精卫曾撰一联,上联屡次更易,下联则为"势位利禄可忽乎哉"！

研究汪精卫命盘的福德宫,天府坐守,仅见擎羊一颗煞曜,所会的天相为"权荫"所夹,性质优美,而且昌曲并会,主文秀聪明,然则缺憾何在呢？

依"中州学派"推算之法,便知道是由于借会了紫微及贪狼化忌这组星曜的缘故。因此天魁天钺虽同时会照福德宫,但亦多了铃星这颗煞曜,而且贪狼化忌,便增加了汪氏对物欲追求的色彩。

更妙的是,这组"紫贪化忌带铃星"的星系,乃借入夫妻宫然后与福德宫相会。汪氏的妻室陈璧君视财如命,而且一生箝制夫婿,汪氏的思想未尝不受到她的影响。

于推算斗数,时时觉得趣味无穷,汪精卫的福德宫即是一个好例。如果原来的福德宫不是有缺憾的话,则戊午大运的福德宫虽有天机化忌及见煞耗的危机,亦未尝不可因一念而守身如玉,不致陷入泥沼而不能自拔。

紫微斗数命盘（某男士）

戊申 父母宫	己酉 福德宫 身宫	庚戌 田宅宫	辛亥 事业宫
∞破军 长生	∞天钺 文昌 养	∞左辅 火星 胎	∞铃星 天魁 太阴⑱ 82—91 绝
劫天天 煞德寿	天劫伏 德煞兵	吊天大 客煞耗 破碎	地天喜 空哭宿 病天病 符煞符	天年凤天 福解阁月 岁指言 建背神

丁未 命宫 擎羊▲			壬子 交友宫
旬天华天三 空哭盖辅桃台 白华官伏 八 虎盖府兵 座 02—11 沐浴	某男士 年 月 日 水 时 二 局	身 命 主 主 天 巨 机 门	∞贪狼 72—81 墓 地天咸天 空劫池使 晦咸飞 气池廉

丙午 兄弟宫 ∞禄存			癸丑 迁移宫
∞紫微 12—21 冠带			∞巨天 门同⑮⑱ 62—71 死
旬天 空才 龙息博 德神士			一 岁 岁 限 蜚天 丧天 廉贵 门煞书

乙巳 夫妻宫 天陀文× 马罗曲 ▲天机⑯	甲辰 子女宫 右弼 七杀	癸卯 财帛宫 ∞天太 梁阴	壬寅 疾厄宫 ∞天武 相曲
22—31 临官	32—41 帝旺	42—51 衰	52—61 病
天天 岁岁力 厨煞 破驿士 光	红大月 鸾耗德 小攀青 耗鞍龙	截龙封天 空池诰刑 官将小 符星耗	天截孤解天巫蜚 伤空辰神煞廉 贯亡将 索神军

乙　某男士

这个命盘的福德宫,借入天梁及天刑安星,又见巨门化忌,成为一组强烈的星曜,其性质为固执。且可能因此惹到是非词讼。

由于原来的福德宫呈现缺点,所以应该一路根查。于三十二岁至四十一岁的甲辰大运时,福德宫在午,紫微坐守,禄存同度,会合的星曜,似乎不见有什么不利。但夫妻宫已埋伏一组非常坏之组合,为两重"刑忌夹印"会照此运之福德宫。此乃"中州学派"所独有之推断方法。

但如果注意到贪狼与火星同时会合福德宫,福德宫中的禄存叠会大运的流禄,则可以推断,在三十二岁以后的阶段,其人满脑子都是求财欲念,而且非常之执著。每有举措,必然与财富有关。倘如是命宫碰着这样的星曜组合,则可许财源茂盛,但可惜只是在福德宫,所以仅为全神贯注于求财的征兆,实际上并未有收获。

至一九八三年癸亥,福德宫为天同化权,巨门化忌,命盘的羊陀照射,这对羊陀而且交会大运的羊陀,相当有力,所以在一意求财的念头下,便滥权渎职了。由是伏下了祸根。

到了一九八四年甲子,是年福德宫同为大运夫妻宫之星曜组合,即双重刑忌夹武曲天相。因物欲过度而带来灾厄。疾厄宫尤其恶劣(读者试自行飞星观察),于是不但自身受到生命威胁(此为疾厄宫之应,因为疾厄宫同时推断灾厄),而且家人亦受威胁,其田宅宫为太阳双化忌冲起了天同巨门化忌(此为田宅宫之应)。

一念之差,而致精神饱受折磨,是则对于福德宫的观察,并留意到趋避之方,便应为研究斗数者所常应注意警惕的事。

图书在版编目(CIP)数据

安星法及推断实例/王亭之著.—上海:复旦大学出版社,2013.6(2025.6重印)
(斗数玄空系列)
ISBN 978-7-309-09665-1

Ⅰ.安… Ⅱ.王… Ⅲ.命书-研究-中国-古代 Ⅳ.B992.3

中国版本图书馆CIP数据核字(2013)第092084号

安星法及推断实例

王亭之 著
责任编辑/陈 军

复旦大学出版社有限公司出版发行
上海市国权路579号 邮编:200433
网址:fupnet@fudanpress.com http://www.fudanpress.com
门市零售:86-21-65102580 团体订购:86-21-65104505
出版部电话:86-21-65642845
上海崇明裕安印刷厂

开本890毫米×1240毫米 1/16 印张4.75 字数121千字
2013年6月第1版
2025年6月第1版第19次印刷

ISBN 978-7-309-09665-1/B·464
定价:24.00元

如有印装质量问题,请向复旦大学出版社有限公司出版部调换。
版权所有 侵权必究